ClimatePartner.com/53585-1805-1001

Selbstverpflichtung zum nachhaltigen Publizieren
Nicht nur publizistisch, sondern auch als Unternehmen setzt sich
der oekom verlag konsequent für Nachhaltigkeit ein. Bei Ausstattung
und Produktion der Publikationen orientieren wir uns an höchsten
ökologischen Kriterien. Dieses Buch wurde auf 100 Prozent Recyclingpapier,
zertifiziert mit dem FSC®-Siegel und dem Blauen Engel (RAL-UZ14),
gedruckt. Auch für den Karton des Umschlags wurde ein Papier
aus 100 Prozent Recyclingmaterial, das FSC®-ausgezeichnet ist, gewählt.
Alle durch diese Publikation verursachten CO_2-Emissionen werden
durch Investitionen in ein Goldstandardprojekt kompensiert.
Die Mehrkosten hierfür trägt der Verlag. Mehr Informationen finden Sie unter:
http://www.oekom.de/allgemeine-verlagsinformationen/nachhaltiger-verlag.html.

Bibliografische Information der Deutschen Nationalbibliothek:
Die Deutsche Nationalbibliothek verzeichnet diese Publikation
in der Deutschen Nationalbibliografie; detaillierte bibliografische
Daten sind im Internet über http://dnb.d-nb.de abrufbar.

© 2019 oekom verlag München
Gesellschaft für ökologische Kommunikation mbH
Waltherstraße 29, 80337 München

Lektorat: Boris Heczko
Layout und Satz: Markus Miller, München
Korrektorat: Maike Specht, Berlin
Umschlagabbildung: Premium_art – stock.adobe.com
Umschlaggestaltung: Elisabeth Fürnstein, oekom verlag
Bearbeitung von Grafiken und Abbildungen: Reihs Satzstudio, Lohmar (Rheinland)

Druck: CPI Books GmbH, Leck

Alle Rechte vorbehalten
ISBN 978-3-96238-144-8

Peter Hennicke, Jana Rasch,
Judith Schröder, Daniel Lorberg

Die Energiewende in Europa

Eine Fortschrittsvision

Inhalt

Vorwort 7

1. **Das Narrativ zur »europäischen Idee«** 9
2. **Politik in Zeiten des Klimawandels** 12
3. **Systemverständnis und Politikintegration** 13
4. **Lehren aus der deutschen Energiewende** 16
   - 4.1 Halbzeit für die Energiewende 18
   - 4.2 Revolutionäre Ziele 21
   - 4.3 Rückenwind durch die Wissenschaft 24
   - 4.4 Eine gemischte Bilanz zur Halbzeit (2018) 28
   - 4.5 Die sozialen Chancen der Energiewende 31
   - 4.6 Die Energiewende als gesellschaftspolitisches Projekt 38
     - *4.6.1 Das »Gemeinschaftswerk« fortführen* 38
     - *4.6.2 Dezentralisierung als säkularer Trend* 40
   - 4.7 Die »Kohlekommission«: Lehren für Europa 52
   - 4.8 Hilft »der Markt« beim Kohleausstieg? 61
5. **Die europäische Energie- und Klimapolitik verstehen** 64
   - 5.1 Status quo des EU-Energiesystems 64
     - *5.1.1 Energieverbrauch und Energieerzeugung* 64
     - *5.1.2 Struktur des Energieverbrauchs und seine Aussagekraft* 67
     - *5.1.3 CO_2-Emissionen* 71
     - *5.1.4 Energieeffizienz* 74
     - *5.1.5 Erneuerbare Energien* 76
     - *5.1.6 Trends im europäischen Stromsektor* 80
   - 5.2 Rechtsrahmen der europäischen Energie- und Klimapolitik 83
     - *5.2.1 Einordnung* 83
     - *5.2.2 Der Rechtsrahmen im Detail* 85
   - 5.3 Wirtschaftliche Chancen einer europaweiten Energiewende 98
   - 5.4 Energiearmut bekämpfen 108

6. Transformationsstrategien für eine europäische Energiewende — 111

6.1 Kernelemente einer Energieeffizienzpolitik — 112
- 6.1.1 *Ein quantitatives Plädoyer für eine »Neue Energieeffizienzpolitik«* — 113
- 6.1.2 *Energieffizienz- und -suffizienzpolitik integrieren* — 116
- 6.1.3 *Priorisierung von Standards und Regulierung der Produktionsseite zur Etablierung von »Ökoroutinen«* — 118
- 6.1.4 *Feebates* — 119
- 6.1.5 *Energieanbieter zu Einsparpolitik verpflichten* — 120
- 6.1.6 *»Polyzentrische Governance« der Effizienzpolitik* — 120
- 6.1.7 *Förderung von nationalen Energieeffizienzagenturen* — 121
- 6.1.8 *Räte sozial-ökologischer Transformation* — 121

6.2 Die Herausforderung: Energetische Sanierung des Gebäudebestands — 126
- 6.2.1 *Urbanisierung als Chance und Herausforderung* — 127
- 6.2.2 *Die KfW-Programme im Gebäudebereich* — 132
- 6.2.3 *Transformationsfonds Gebäude als Chance für Europa* — 135

6.3 CO_2-Abgaben — 137
- 6.3.1 *Das europäische Emissionshandelssystem* — 139
- 6.3.2 *Die CO_2-Lenkungsabgabe in der Schweiz* — 141
- 6.3.3 *Die CO_2-Steuer in Schweden* — 143
- 6.3.4 *Eckpunkte einer deutschen CO_2-Preisreform* — 143

6.4 Den Handlungsrahmen der EU-Energie- und Klimapolitik ausschöpfen — 145
- 6.4.1 *Governance-Verordnung effektiv implementieren* — 146
- 6.4.2 *Nichtbefolgung der Governance-Verordnung sanktionieren* — 147
- 6.4.3 *Vorreiterallianzen bilden* — 147

6.5 Transformationsfonds einrichten — 150

7. Deutsch-französische Allianz: Treiber der europäischen Energiewende? — 154

7.1 Der politische Rahmen: Macron an der Sorbonne (2017) — 155
7.2 Macrons Initiativen zur Energie- und Klimapolitik — 157
7.3 Der zweite Energie- und Klimaplan (2019–2028) — 159
7.4 Reaktionen auf die Proteste der »Gilets Jaunes« — 163
7.5 Die Atomenergiefrage: Ein lösbarer Streitpunkt? — 165

8. Ansatzpunkte für eine deutsch-französische Energiewendeallianz — 166

9. Europäischer Ausblick — 170

10. Epilog: Transantlatischer Traum — 173

11. Literaturverzeichnis — 176

Vorwort

Dieses Buch ist hochaktuell und will auf produktive Weise provozieren. Es handelt nicht nur vom katastrophalen Klimawandel: Auch die Europäische Union (EU), die sich in einem krisenhaften Dauerzustand befindet, wird seziert. Denn gegenüber einer handlungsschwachen EU hat die wirtschaftsinduzierte Umweltbelastung kaum noch erträgliche Größenordnungen erreicht. Die EU ist derzeit dabei, sich womöglich selbst zu zerstören.

Das vorliegende Werk argumentiert, dass die EU in einer Situation der weltweiten ökologischen Zuspitzung zum entscheidenden internationalen Handlungsträger werden muss. Das bisherige EU-Konzept und Motiv »Friedenssicherung« wird unter diesen Umständen aktualisiert. Nach der erfolgreichen Friedenssicherung geht es zukünftig vor allem um die Sicherung der Lebensgrundlagen. Diese werden vom Zusammenspiel der ökonomischen, ökologischen und sozialen Entwicklung getragen. »Wirtschaft«, »Ökologie« und »Sozialstaat« stehen längst nicht mehr unversöhnlich nebeneinander. Sie sind auch nicht in den bekannten sich überschneidenden Feldern zu erfassen. Sie sind auf vielfache Art und Weise miteinander verwoben.

International scheinen »wirtschaftliche Fragen« die gleichermaßen wichtigen Bereiche »Ökologie« und »Sozialstaatlichkeit« zu dominieren. In der Regel gilt das Prinzip, dass sich alles rechnen muss. Nur unter dem Gesichtspunkt ökonomischer Rentabilität werden auch sozial-ökologische Aspekte betont beziehungsweise haben eine Chance auf Umsetzung. So darf und kann es nicht weitergehen.

Dennoch adressieren die EU-Institutionen die aufgeworfenen Fragen oft in größerer Intensität, als es Mitgliedsstaaten tun. Dies hat bisher vor allen Dingen die Energiewende im Elektrizitätssektor gezeigt. Der so ausgeübte Druck auf die Mitgliedsstaaten trägt auch dazu bei, den Begriff »Nachhaltigkeit« nicht zu einer Worthülse verkommen zu lassen.

Nirgendwo anders auf der Welt sind die vielfach verwobenen Politikfelder Ökologie, Sozialstaatlichkeit und Wirtschaft in gleichem Maße in Beziehung zueinander gesetzt wie in der EU. Tatsächlich bietet die grundsätzliche Ausgestaltung der EU auch gute Voraussetzungen dafür, hier eine internationale Vorreiterrolle zu übernehmen. Dies gilt besonders für eine allumfassende Energiewende.

Wird diese Rolle verantwortungsbewusst wahrgenommen, so schafft sich die EU eine neue nachhaltige Legitimationsgrundlage. Doch die EU braucht nicht nur ein neues Narrativ. Sie braucht handfeste politische Projekte, die die Zukunft sichern helfen. Dies ist die zentrale Botschaft der Autor*innen. Die Europäisierung der Energiewende hat dabei nach Auffassung der Autor*innen das Potenzial zur Krisensteuerung nicht nur auf ökologischer Ebene. Diese Form der »vernetzten« Zukunftssicherung würde nicht nur energiepolitisch dem Klimawandel entgegentreten, sondern zugleich auch der wirtschaftlich und politisch kriselnden EU frische Energie zuführen.

Dieses Buch, das sich als eine fundierte wissenschaftliche Bestandsaufnahme, verbunden mit konkreten Handlungsperspektiven, versteht, liest sich trotz aller Komplexität der Materie sehr verständlich. Es spricht ein breites Publikum an. Dabei wurde eine kürzere Version des vorliegenden Textes in das »Memorandum« 2019 der Arbeitsgruppe Alternative Wirtschaftspolitik aufgenommen (http://www.alternative-wirtschaftspolitik.de/memorandum_2019). Mit der Veröffentlichung dieser Langfassung soll eine nachhaltige und konstruktive Zusammenarbeit der Autor*innen mit der *Arbeitsgruppe Alternative Wirtschaftspolitik* begründet werden. Wir freuen uns auf die gemeinsame Arbeit und wünschen dem vorliegenden Buch viele Leser*innen und viele Erkenntnisgewinne.

Für die Arbeitsgruppe Alternative Wirtschaftspolitik

Prof. Dr. Heinz-J. Bontrup   Prof. Dr. Rudolf Hickel   Prof. Dr. Mechthild Schrooten   Dr. Axel Troost

1. Das Narrativ zur »europäischen Idee«[1]

Europa steht vor krisenhaften Herausforderungen. Der Brexit sowie der Rechtsruck in einigen Mitgliedsländern und auch teilweise im Europäischen Parlament sind Signale wachsender Europaskepsis und einer mitunter offenen Feindseligkeit gegenüber der »europäischen Idee«. Die komplexen Ursachen dieser Entwicklung können nicht Gegenstand dieser Untersuchung sein. Gleichwohl baut dieses Buch auf einer Basisthese auf: Europa braucht eine neue Fortschrittsvision, eingebunden in ein generelles sozial-ökologisches Reformkonzept. Wie nachfolgend begründet wird, ist dafür eine weitere Europäisierung der Energiewende grundlegend. Sie ist ein notwendiger, wenn auch kein ausreichender Schritt in Richtung umfassenderer Reformen.[2] Und sie impliziert eine Geschichte (»ein Narrativ«) über eine positive sozial-ökologische Reformvision, die der »europäischen Idee« einen zukunftsorientierten und mehrheitsfähigen Inhalt geben kann.

Zurzeit werden über Europa häufig zwei entgegengesetzte Narrative erzählt. Sie werden in diesem Buch zum einen als »Friedensvision« und zum anderen als »Expansionsprojekt« charakterisiert. Die Erzählung der »Friedensvision« lautet: Europa ist eine realisierte Vision einer erfolgreichen Völkerverständigung und einer Friedensordnung, die aus den Trümmern von zwei grauenhaften Weltkriegen hervorgegangen ist. In keinem Teil der Welt ist es gelungen, katastrophale wirtschaftliche Kriegsfolgen so erfolgreich zu überwinden wie in Europa. Dieses Narrativ mag für die Generationen, die den Zweiten Weltkrieg und die Nachkriegszeit erlebt haben, noch äußerst überzeugend sein.

---

1 Wir bedanken uns herzlich bei Jochen Luhmann, Stefan Thomas und Michael Müller für hilfreiche Kommentare. Lisa Kolde und Lea Kings haben uns großartig bei der Redaktion unterstützt.
2 Einen komplexen Gesamtüberblick u. a. über 23 Politikbereiche gibt ein umfangreicher Sammelband (Weidenfeld und Wessels 2018). Zu den parteipolitischen Kontroversen vgl. die Parteiprogramme zur Europawahl 2019.

Aber funktioniert diese Vision noch für Bürger, die in der Zeit des sogenannten Wirtschaftswunders und danach geboren wurden?

Wohl kaum.

Doch auch für die Erzählung »Expansionsprojekt« lassen sich gute Gründe finden: die Wahrnehmung von Europa als ein bürokratisches Monster, undemokratisch, neoliberal, zunehmend militaristisch, beherrscht von Tausenden Lobbyisten multinationaler Konzerne. Dieses Narrativ mag diejenigen überzeugen, die allein die gnadenlose Austeritätspolitik gegenüber Griechenland, die offensive Expansionspolitik in Osteuropa, die vorherrschende marktfixierte wirtschafts- und finanzpolitische Doktrin zum Maßstab der Beurteilung Europas heranziehen und eine Reformierbarkeit der EU prinzipiell ausschließen. Aber trägt dieses Narrativ dazu bei, ein epochales geopolitisches Projekt zu würdigen und gegenüber den USA, China und anderen aufstrebenden Großregionen (Russland, Indien/Südostasien, Brasilien/Südamerika, Südafrika/Afrika) eine multinationale Völkergemeinschaft mit Vorbildcharakter zu schaffen? Wohl kaum.

Die beiden genannten Narrative beschreiben kein nachhaltiges Fortschrittsprojekt, das visionär und gleichzeitig hinreichend konkret ist, um als machbarer und weltweit verallgemeinerbarer Fortschritt für die Lebensqualität der Menschen in Europa und anderswo wahrgenommen zu werden. Eine richtig verstandene und umfassende Europäisierung der Energiewende hat dagegen dieses Potenzial.

Allerdings muss betont werden, dass als »echte Energiewende« im Folgenden die Transformation zu einem vollständig dekarbonisierten, risikominimalen (also auch atomenergiefreien) und sozial- wie wirtschaftsverträglichen Energiesystem vorgeschlagen wird. Eine derartige Transformation des Energiesystems ist Voraussetzung und Triebkraft für den Klima- und Ressourcenschutz. Ein solches überaus ambitioniertes gesellschafts- und energiepolitisches Projekt ist ein historisch bisher einmaliger Prozess, der mindestens bis zur Mitte des 21. Jahrhunderts andauern wird. Die deutsche Energiewende etwa befindet sich hierbei gerade erst in der Halbzeit. Die gesellschaftspolitische Dimension und die Erfolgsfaktoren dieses Langfristprojekts werden häufig unterschätzt. Es bedarf eines radikalen Richtungswechsels von Produktions- und Konsumweisen sowie eines politischen Qualitätssprungs zu einer stärkeren Demokratisierung von Energiepolitik und -wirtschaft. Scheitert das Projekt, dann steht die Reformfähigkeit von Wirtschaft und Politik im globalen Kapitalismus und über ihn hinaus generell infrage.

Weder in Deutschland noch in Europa ist sicher, dass eine Transformation in diesem Sinne gelingt. Aber wesentliche Weichen in die richtige Richtung sind gestellt. Und deshalb erscheint es aussichtsreich, dafür in Worten und Taten zu streiten.

Wenn hier die Europäisierung der Energiewende als ein potenzielles Fortschrittsprojekt neuen Typs herausgegriffen wird, schließt das nicht aus, dass es weitere Projekte ähnlicher Dimension und Qualität geben kann. Aber komplexe gesellschaftliche Transformationsprozesse benötigen einen klaren Fokus und ein mehrheitsfähiges Zielsystem. Dafür steht die Energiewende. Aus ihr können sich Ziele und Prozesse sowie Ausstrahlungs- und Lerneffekte entwickeln, die impulsgebend auch für andere Fortschrittsprojekte (etwa Demokratiewende, Ernährungswende, Ressourcenwende, Gerechtigkeitswende) werden können.

Ein wirkliches Fortschrittsprojekt kann nur gelingen, wenn die nationalen und internationalen Zusammenhänge zwischen der sozialen und der ökologischen Krise verstanden und integrierte Lösungsstrategien entwickelt und umgesetzt werden. UN-Generalsekretär António Guterres hat auf der Weltklimakonferenz in Katowice (COP 24 im Dezember 2018) die weltweit zögerliche Klimaschutzpolitik nicht nur als »unmoralisch« (»immoral«), sondern auch als für die Menschheit »selbstmörderisch« (»suicidal«) bezeichnet. Das ist nach neuesten wissenschaftlichen Erkenntnissen (Steffen u. a. 2018a) keine rhetorische Übertreibung. Das Wort des vergangenen Jahres war daher auch »Heißzeit« (Spiegel Online 2018), ein Begriff, der die Wetterextreme des Jahres 2018 in den Zusammenhang eines denkbaren katastrophalen Klimawandels rückt.

Diese die Menschheit gefährdenden Dimensionen des Klimawandels werfen daher ein Schlaglicht auf die Ausstrahlung der ökologischen Krise auf alle anderen gesellschaftlichen Bereiche. Sie bestimmen insofern auch die Kontexte für alle Lösungsformen der sozialen Krise.

2. Politik in Zeiten des Klimawandels

Der Klimawandel ist sichtbar, fühlbar und messbar – und er beschleunigt sich. Die Hoffnung auf eine globale Trendwende bei den CO_2-Emissionen hat sich bisher nicht erfüllt: Ausgerechnet im Vorfeld der letzten Klimakonferenz (COP 24 in Katowice, Dezember 2018) kam die Hiobsbotschaft, dass die von 2014 bis 2016 konstanten CO_2-Emissionen erneut auf etwa 37 Milliarden Tonnen CO_2 gestiegen sind. (vgl. Steffen u. a. 2018b). Eine bedrohliche Entwicklung beim derzeitigen Trend der globalen Mitteltemperatur auf mehr als drei Grad im 21. Jahrhundert scheint ungebrochen.

Das ist zweifellos alarmierend: Langfristszenarien der neueren Zeit, allen voran der Sonderbericht des IPCC (Intergovernmental Panel on Climate Change 2018), deuten darauf hin, dass schon bei der im Pariser Übereinkommen (2015) von der Weltgemeinschaft vereinbarten Zwei-Grad-Grenze (»well below 2 degrees«) irreversible Prozesse in Gang gesetzt werden könnten (wie etwa die Zerstörung aller Korallenriffe). Bereits die aktuelle Temperaturerhöhung um derzeit ein Grad könnte einen über mehrere Jahrhunderte andauernden Prozess unaufhaltsamen Abschmelzens des westantarktischen Eisschilds zur Folge haben. In der Konsequenz bedeutet dies einen möglicherweise nicht mehr vermeidbaren langfristigen Anstieg des Meeresspiegels um mehr als zwei Meter. Selbst ein noch höherer Anstieg ist denkbar (vgl. Ritchie 2018). Der Anstieg des Meeresspiegels, die Zunahme von Sturmfluten und der Intensität von Wirbelstürmen, die Häufung von Extremwetterereignissen (Dürren,

Überschwemmungen), die Bedrohung von Küstenstädten wie Venedig, Hamburg, New York City, London, Miami, Dhaka, Schanghai, Mumbai oder Osaka und die Existenzbedrohung für ganze Länder wie die kleinen Inselstaaten im Pazifik, die Niederlande oder Bangladesch, wären Folgen eines weiteren Trendwachstums der globalen Mitteltemperatur. Wir erleben gerade »das Ende der Welt, wie wir sie kannten« (Leggewie und Welzer 2009). Aber wir haben noch nicht wirklich begriffen, was das bedeutet und welche neuen Handlungsbedingungen damit auch für die Politik gesetzt werden.

3. Systemverständnis und Politikintegration

Oft wird ignoriert, dass der Klimawandel nur eine, wenn auch die wohl bedrohlichste Folge nicht nachhaltiger globaler Produktions- und Konsumweisen ist, die bei einer bis auf neun bis zehn Milliarden wachsenden Weltbevölkerung im 21. Jahrhundert die natürlichen Lebensgrundlagen für die gesamte Menschheit infrage stellt. Solche fundamentalen Bedrohungsszenarien für die Erdbevölkerung durch multiple ökosoziale Krisen erfordern ein radikaleres Nachdenken über eine sozial-ökologische Transformation im globalen Kapitalismus, aber auch auf nationaler Ebene. Können durch einen wesentlich ambitionierteren neuen Politikstil Rahmenbedingungen und eine zielführende Governance für eine solche Transformation etabliert werden? Können nationale Vorreiter und Allianzen der Willigen globale Transformationsprozesse beschleunigen? Auch wenn es dazu (noch) keine empirische Evidenz gibt, werden diese Fragen aufgrund vieler Indizien in diesem Buch eindeutig mit »Ja« beantwortet.

Eine Mindestbedingung für Lösungen ist mehr Politikintegration. Der Verlust an Artenvielfalt, die Überfischung der Meere, die Zerstörung natürlicher Biome durch Landnutzungsänderung, die Veränderung von Nährstoffkreisläufen (Stickstoff, Phosphor), die Versauerung der Ozeane etc. signalisieren eine bedrohliche Überschreitung »planetarer Grenzen« (Rockström et al. 2009), die es »eigentlich« unmöglich machen sollte, Ökonomie, Gesellschaft und Ökologie als getrennte und nicht interdependente Systeme zu verstehen und zu behandeln.

Eigentlich! In der Realität und besonders auch auf dem Sektor der Wirtschafts- und Fiskalpolitik fehlt aber immer noch die erforderliche langfristige und integrierte Denkweise. Systemische Analyse und langfristige Politikintegration sind die Ausnahme und nicht die Regel. Wirtschafts- und Fiskalpolitik haben meist den Zeithorizont von politischen und ökonomischen »Konjunkturzyklen«, die sich auf wenige Jahre beschränken. Die Wechselwirkung mit den genannten langfristigen ökosozialen Trends und Krisen werden dabei zu wenig systematisch miteinbezogen.

Die Idee zu diesem Buch wurde im Diskussionszusammenhang mit der Arbeitsgemeinschaft Alternative Wirtschaftspolitik (AAW) entwickelt. Die AAW publiziert seit 1975 das jährliche »Memorandum« (»Alternatives Sachverständigengutachten«) (vgl. AAW o. J.). Ab dem »Memorandum 2019«, das in einem Kapitel eine Kurzfassung dieses Buches enthält, soll ein Beitrag zu intensiverem Nachdenken über die Wechselwirkung kurzfristiger sozioökonomischer und langfristiger ökologischer Trends geleistet werden. Damit ergibt sich eine Chance, die bisher vorwiegend links-keynesianisch orientierte wirtschafts- und fiskalpolitische Kritik am neoliberalen Mainstream mit Methoden und Themen der ökologischen Ökonomie zu verbinden. Mit dieser systemerweiterten Sichtweise können auch die Arbeitsmarkt-, Steuer- und Wohnungspolitik sowie generell die Wirtschafts- und Fiskalpolitik »nachhaltiger« gestaltet werden.

Denn den kurzfristigen und segmentierten Analysen traditioneller Politikbereiche entspricht eine oft reaktive, strukturkonservative und marktgläubige Politik, die mit dem sich entwickelnden leitzielorientierten und langfristig ausgerichteten Politikstil auf den Feldern der Klima-, Ressourcen- und Umweltpolitik nicht mehr kompatibel ist. In ökonomischer Hinsicht bedeutet eine leitzielorientierte, ambitionierte Klima- und Ressourcenschutzpolitik einen angekündigten, staatlich beschleunigten ökonomischen Strukturwandel, dessen Chancen und Herausforderungen aber zu wenig analysiert und daher unzureichend vorsorgend, sozial- und wirtschaftsverträglich gestaltet werden.

Die Gestaltung des Kohleausstiegs durch den viel zu spät erfolgten Auftrag an die Kommission »Wachstum, Strukturwandel, Beschäftigung« (vgl. BMWi 2019) ist nur ein Anfang. An diesem sozialen Lernfeld der Kohleausstiegspolitik lassen sich die zukünftigen Aufgaben für eine generell mehr vorsorgende ökologische Industrie- und Dienstleistungspolitik exemplarisch aufarbeiten (siehe Kapitel 4.7). Diese werden bei weltweit beschleunigtem Strukturwandel nicht nur andere Kohleländer, sondern im nationalen Maßstab auch weitere Branchen (etwa die Automobilindustrie) betreffen.

Märkte sind ohne Rahmensetzung perspektivisch blind. Märkte sind auch kein Ziel, sondern Mittel, um gesellschaftlich vereinbarte Ziele wirksamer zu erreichen. Das gilt besonders für den staatlich beschleunigten Strukturwandel der Klimaschutzpolitik. Daher bedürfen anspruchsvolle und gesellschaftlich gewünschte Veränderungen wie ein gleichzeitiger (schrittweiser) Ausstieg aus Kohle und Uran auch einer neuen Governance im Rahmen einer vorsorgenden sozial-ökologischen Industrie- und Dienstleistungspolitik. Die berechtigte Forderung nach einer sozial und ökologisch gerechten Transformation (»Just Transition«) darf aber nicht zum Alibi einer de facto strukturkonservativen Politik werden, die die Folgen eines unvermeidlichen Strukturwandels verschärft, statt sie vorsorgend zu vermeiden oder zumindest einzudämmen.

Gerade auch die nationale Umsetzung der von der Völkergemeinschaft im Jahr 2015 verabschiedeten 17 »Sustainable Development Goals« der Vereinten Nationen (vgl. United Nations 2015) bedeutet für Deutschland und für Europa einen herausfordernden, beschleunigten Strukturwandel. Im Kern geht es darum, den oft unbestimmten Begriff der Nachhaltigkeit beziehungsweise einer nachhaltigen Wirtschaft zu operationalisieren und in Umsetzungsprogramme zu überführen, ohne das Konzept von Nachhaltigkeit bis zur Unkenntlichkeit zu verwässern. Nationale Nachhaltigkeitsstrategien müssen dabei immer auch im Nord-Süd-Kontext betrachtet und bewertet werden (siehe auch Brand und Wissen 2017).

Definiert man Nachhaltigkeit als das Bestreben, nicht auf Kosten von Um-, Mit- und Nachwelt zu produzieren und zu konsumieren, dann formuliert dies einen hohen wissenschaftlichen Anspruch auch an neues Nachdenken und systembewusstere, wirtschaftspolitische Analysen, der wegen der Komplexität der Herausforderungen nur schrittweise zu erfüllen ist.

Im Folgenden wird die Grundsatzfrage ausgeklammert, ob und inwieweit die notwendig radikale sozial-ökologische Transformation (etwa eine absolute Entkopplung von Lebensqualität und Naturverbrauch bei gerechterer Verteilung von Lebenschancen) durch eine Reform des Systems des globalen Kapitalismus erreichbar ist oder eine Überwindung dieses Systems als Voraussetzung hat. Analytisch anspruchsvolle Konzepte wie zum Beispiel das der »Imperialen Lebensweise« (Brand und Wissen 2017) oder auch das der »Externalisierungsgesellschaft« (Lessenich 2016) werfen zu Recht diese Grundsatzfrage auf.

Für die in diesem Buch gewählte pragmatische Herangehensweise gibt es eine einfache Begründung: Die Dringlichkeit des Klima- und Ressourcenschutzes wie auch die sich verschärfende Verteilungs- und Demokratiekrise machen rasches Handeln notwendig. Robuste, das heißt wirkmächtige, sozialverträgliche und langfristig zielkongruente Reformen sind unabdingbar.

4. Lehren aus der deutschen Energiewende

Dieses Kapital beschränkt sich daher auf erste Antworten auf die ohnehin anspruchsvolle Frage, ob und inwieweit eine Europäisierung der Energiewende als ein Fortschrittsprojekt konzipiert und umgesetzt werden kann.

Warum Energiewende? Sie ist der Kernbereich ambitionierten Klima- und Ressourcenschutzes, und sie ist nicht mehr nur eine Vision, sondern erklärte Politik in Deutschland und – wenn auch anders bezeichnet und eingeordnet – der Europäischen Union. Zudem gibt es eine Vielzahl von quantifizierten

Leitzielen, die die Fortschritte oder die Defizite bisheriger Politik evaluierbar, messbar und korrigierendes Handeln leichter einklagbar machen.

Das Narrativ einer erfolgreichen, echten Energiewende enthält alle Dimensionen der oben genannten Definition von Nachhaltigkeit. Die Energiewende ist mit einem Generationenvertrag vergleichbar, bei dem die heutige Generation eine schrittweise Ablösung des gesamten fossilen und nuklearen Energiesystems im 21. Jahrhundert durch Energieeffizienz, Energiesparen und erneuerbare Energien vorfinanziert und die Umsetzungsprozesse organisiert, um Kinder, Enkel, zukünftige Generationen und die sich noch entwickelnden Länder und Völker vor den Risiken eines nicht erneuerbaren Energiesystems zu schützen. Dabei handelt es sich nicht nur um die Großrisiken von Ressourcenkriegen um Öl oder katastrophale Nuklearunfälle. Gemeint sind hier auch nicht nur die nationalen Risiken wie Importabhängigkeit, Versorgungsengpässe oder Preisschwankungen. Es geht nicht zuletzt um die lange Zeit verdrängten negativen scheinbaren Nebeneffekte wie zum Beispiel Gesundheitsrisiken etwa durch NO_X oder Feinstaub, die aus der Verbrennung fossiler Energie resultieren und eine deutliche Verteilungswirkung haben: Einkommensschwache Haushalte, Ältere und Kinder werden weit überproportional belastet.

Eine ungeschönte Bestandsaufnahme des Status quo ist die Voraussetzung dafür, eine wirklich umfassende Energiewende als Kernbereich einer sozial-ökologischen Transformation hin zu nachhaltigerem Wirtschaften zu konzipieren. Es wird nachfolgend gezeigt: Bei einer konsequenten Ziel- und Umsetzung können vielfältige sozial-ökologische Benefits und Co-Benefits erreicht werden, die es erlauben, die Energiewende begründet als ein Fortschrittsmodell zu charakterisieren. Wird es erfolgreich umgesetzt, dann kann es sogar zum sozialen Lernfeld einer »Großen Transformation« (Polanyi 1985) werden, die auch eine generelle Ressourcenwende mit einschließt.

Die deutsche Energiewendepolitik steht im Kontext der europäischen Klima- und Energiepolitik. Als wirtschaftlich stärkstes EU-Mitgliedsland bremst Deutschland einerseits immer wieder eine ambitioniertere europäische

Rahmensetzung (etwa im Sektor Mobilität) aus. Andererseits wirken der Ausbau der erneuerbaren Stromerzeugung und die ambitionierte Zielsetzung des deutschen Energiewendekonzepts noch immer beispielgebend.

Eine Grundthese dieses Buches ist daher erstens, dass die deutsche und europäische Energiewende konzeptionell zusammengedacht und genauer auf ihre Wechselwirkungen (positive Synergien, negative Seiteneffekte) analysiert werden muss. Und dass zweitens eine erfolgreiche europäische Energiewende eine gemeinsame Initiative und Allianz mehrerer Länder erfordert, idealerweise vorangetrieben durch die beiden ökonomisch stärksten und nachbarschaftlich agierenden Länder Frankreich und Deutschland.

Der ausführliche Bezug auf die deutsche Energiewende ist als eine exemplarische Betrachtung angelegt; sie dient der historischen Referenz (»Gedächtnis Energiewende«) sowie der Veranschaulichung von heute besser erkennbaren Stärken und Schwächen nationaler Energiewenden. Bei einer vertieften Weiterbearbeitung des Themas sollten die vielen guten Beispiele anderer Länder Europas, die teilweise deutlich über den erreichten Stand der deutschen Energiewende hinausgehen, näher berücksichtigt werden. Dies betrifft zum Beispiel das Konzept der 2000-Watt-Gesellschaft der Schweiz (vgl. Energie Schweiz o. J.), den fulminanten Dezentralisierungsprozess Dänemarks, die E-Mobilitätsstrategie Norwegens, Kohleausstiegsstrategien etwa in Großbritannien und Frankreich, Regulierungssysteme für Energieanbieter (siehe unten) oder die Einführung von CO_2-Abgaben (vgl. Kap. 6.2).

4.1 Halbzeit für die Energiewende

In den folgenden Abschnitten wird bilanziert, wie die Energiewende sich entwickelt hat, was zur »Halbzeit der Energiewende« an empirisch nachweisbaren Fortschritten erreicht ist, wie das Zielsystem des Energiewendekonzepts der Bundesregierung (2010/11) zu bewerten ist und welche erheblichen Defizite noch bei der Umsetzung bestehen.

Im Jahr 1979 erschien Amory Lovins' Buch »Soft Energy Paths. Toward a Durable Peace« (Lovins 1979) – die erste Vision einer weltweiten Energiewende. Darauf aufbauend, publizierte das Öko-Institut 1980 für Deutschland die Studie »Energiewende. Wachstum und Wohlstand ohne Erdöl und Uran« (Krause, Bossel, und Müller-Reissmann 1980). In Anlehnung an Lovins' »sanften Pfad« zeigte sie deutsche Szenarien einer alternativen Energiezukunft auf. Diese Studie wurde Grundlage des Pfads vier der Enquete-Kommission »Zukünftige Kernenergie-Politik« (1980). Die etablierte Energiewissenschaft und -wirtschaft empfand den in der Studie dargestellten »sanften Pfad« des Öko-Instituts, die erste deutsche Blaupause der Energiewende, als Provokation und als irrelevant für die praktische Energiepolitik.

Denn hier wurden die überkommene Besitz- und Machtkonzentration auf den Energiemärkten und die marktbeherrschende Stellung der Energiekonzerne erstmalig radikal infrage gestellt. Ein kleines »Alternativinstitut« zeigte mit technischen Potenzialanalysen und Szenarien auf, dass und wie in Deutschland eine positive Entwicklung ohne Kohle, Erdgas, Erdöl und Uran realisiert werden kann. Dies war für die überwiegend konventionelle Energiewissenschaft eine unerhörte, aber folgenreiche Herausforderung (siehe unten). Energiesparen, forcierte Energieeffizienz und eine rasche Markteinführung erneuerbarer Energien wurden schon damals als die zentralen Lösungsbeiträge für die Energiewende vorgestellt. Einige Energiekonzerne schalteten eine Anzeigenkampagne,[3] in der die erneuerbare Stromerzeugung bestenfalls als additive Option dargestellt wurde: eine Nischentechnologie, die perspektivisch lediglich vier Prozent zur Gesamtstromerzeugung beisteuern könne.

Heute ist klar: So viel Arroganz der Macht muss sich rächen. Inzwischen kämpfen die ehemaligen Konzerne durch Fusionen und radikale

---

3 Vgl. Anzeige in der Süddeutschen Zeitung 1993 Nr. 152. Dort wird die falsche Frage »Treibhaus oder Kernkraft?« wie selbstverständlich pro Kernenergie beantwortet und behauptet: »Regenerative Energien wie Sonne, Wasser oder Wind können auch langfristig nicht mehr als 4 % unseres Strombedarfs decken.« Im Jahr 2018 stieg der erneuerbare Stromanteil auf 40,4 % (vgl. Zeit Online 2019).

Umstrukturierung um ihre wirtschaftliche Zukunft – in einem Prozess des Übergangs zur Energiewende, die sie niemals für möglich gehalten und unsinnig lange heftig bekämpft haben.

Eine weitere Studie des Öko-Instituts mit dem Titel »Die Energiewende ist möglich« (Hennicke und Öko-Institut 1985) demonstrierte sodann die wirtschaftliche und politische Machbarkeit eines möglichen Umbaus zu einer vorrangig dezentralen Stromwirtschaft mit maßgeblicher Beteiligung der Kommunen (»Rekommunalisierung«). Aber eine noch über kommunale Eigner hinausgehende Dezentralisierung ist zukünftig in großem Umfang möglich, gestützt auf modernste dezentrale Stromerzeugungstechnik (auf Basis erneuerbarer Energien wie Sonne, Wind, Biomasse) sowie die IKT-basierte Steuerung und Optimierung von Netzen und von unterschiedlichen Erzeugungs- und Speicheroptionen (etwa Smart Grids, virtuelle Kraftwerke; vgl. Next Kraftwerke o. J.)

Dass diese modernsten technischen und sozialen Innovationen einen noch weit größeren Sprung zur gesellschaftlichen Dezentralität (etwa Millionen von Prosumern; siehe Abschnitt 4.5) ermöglichen könnten, war in den 1980er Jahren noch nicht vorhersehbar.

Die heutige regierungsoffizielle deutsche Energiewendepolitik hat also einen langen gesellschaftspolitischen Vorlauf. Ihr Momentum beruhte lange auf der Antinuklearbewegung, die sich erst später mit einer Pro-Erneuerbaren und erst kürzlich mit einer Pro-Energieeffizienz-Bewegung verband und von einer wachsenden Anzahl wissenschaftlicher Studien unterstützt wurde.

Vieles deutet darauf hin, dass die Synergieeffekte zwischen mutiger Antiatombewegung und zunehmend atomkritischer Wissenschaft einen prägenden Einfluss auf die Durchsetzung der Energiewende in Politik und Zivilgesellschaft genommen haben.

Verstärkt durch die Atomkatastrophen in Tschernobyl und Fukushima, wurde die Energiewende schließlich – nach der Vereinigung der beiden deutschen Staaten – zum wohl bedeutendsten deutschen Zukunftsprojekt des

21. Jahrhunderts. Der Begriff »Energiewende« wurde zum erklärten Markenzeichen deutscher Energiepolitik: anfangs weltweit bewundert, heute aber zunehmend mit Skepsis betrachtet, weil die »revolutionären Ziele« (Angela Merkel) des deutschen Energiekonzept 2010/11 nicht entschieden genug umgesetzt werden.

4.2 Revolutionäre Ziele

Je komplexer ein auf lange Sicht angelegtes Politikfeld ist, desto wichtiger ist es, mit bestmöglichen wissenschaftlichen Methoden, mit Szenarienanalysen auf Basis konkurrierender Methoden und Annahmen, ein quantifiziertes und möglichst auf Konsens basierendes Zielsystem zu ermitteln und mit demokratischen Mehrheiten durchzusetzen. Im Vollzug der Umsetzung müssen eine Vielzahl hochdifferenzierter Detailanalysen die konkreten Wege (etwa technische Optionen, Wirtschaftlichkeit und sozioökonomische Voraussetzungen) erfassen und gegebenenfalls auch nicht erreichbare Ziele neu bestimmen helfen. Dieser szenarien- und wissenschaftsbasierte integrierte Politikstil berührt Grundsatzfragen der parlamentarischen Demokratie und der Bürgerbeteiligung, die längst noch nicht beantwortet sind. Ein über mehr als 50 Jahre laufendes Langfristprojekt »Energiewende« bedarf zum Beispiel eines institutionalisierten »Gedächtnisses«, auf dessen Erkenntnissen und Analysen eine Energiepolitik für die Zukunft aufbauen kann.

Im September 2010 hatte die Bundesregierung ein Energiekonzept für die Energiewende verabschiedet und nach der Katastrophe von Fukushima im Jahr 2011 ergänzt. Mit quantifizierten »revolutionären Zielen« (Bundeskanzlerin Merkel) wurden dabei eine drastische Reduktion der Treibhausgasemissionen, ein massiver Ausbau der regenerativen Energien und eine – bisher für unmöglich gehaltene – absolute Senkung des gesamten Energieverbrauchs (inklusive sektoraler Ziele für den Gebäudebestand und den Verkehrsbereich) festgeschrieben. Keine Regierung der Welt hatte es bis dato gewagt, vergleichbar ehrgeizige (indikative) Ziele zu veröffentlichen. »Indikative« Ziele können zur Symbolpolitik degenerieren, denn sie sind gesetzlich nicht bindend. Aber die deutsche Energiepolitik stünde unter starkem nationalen Rechtfertigungszwang und wäre mit einem enormen internationalen Prestigeverlust konfrontiert, wenn die Ziele einfach sang- und klanglos wieder aufgegeben würden.

Die im Energiekonzept quantifizierten Leitziele zeigen (teils in Teilschritten) bis 2050 eine Roadmap für die Energiepolitik auf. Abbildung 1 stellt die Ziele sowie die bisher erreichten Minderungen nach dem sechsten Monitoring-Bericht der Bundesregierung (BMWi 2018c) zusammen. Das Zielsystem ist nicht nur langfristiger ausgerichtet, sondern war zunächst deutlich ambitionierter als die damaligen Leitziele der EU (20-20-20-Ziele) und der meisten ihrer Mitgliedsländer. Seit Anfang Januar 2019 liegt gemäß EU-Governance-Verordnung (vgl. Kap. 5.3) der erste »Entwurf eines integrierten nationalen Energie- und Klimaschutzplans« (iNEK) vor (vgl. BMWi 2019). Dieser Bericht basiert auf neuen EU-Berichtspflichten für alle Mitgliedsländer. Er dient als Entwurf für die nunmehr anschließende Diskussionsphase mit der EU-Kommission. Den endgültigen iNEK-Plan für den Zeitraum 2021 bis 2030 müssen die Mitgliedsländer bis zum 31.12.2019 vorlegen. Am Zielsystem der Energiewende (vgl. Abbildung 1) wird es voraussichtlich bis dahin keine Abstriche geben; alle Empfehlungen der Kommission zum iNEK-Plan sind rechtlich nicht bindend.

Wie kam eine konservative Regierung dazu, einen solchen ambitionierten Zielkanon für die Jahre 2030 bis 2050 zu veröffentlichen, den Wirtschaft und Zivilgesellschaft durchaus ernst nehmen und politisch einklagen könnten?

Das damalige Energiekonzept kann als eine Art politisches Placebo bewertet werden: Der kontroverse Regierungsbeschluss zur Laufzeitverlängerung der Atommeiler in Deutschland (2010) sollte quasi durch die Proklamation »revolutionärer« Langfristziele für die gesamte Energiewende akzeptabler gemacht werden. Nach der seinerzeit beschlossenen Laufzeitverlängerung wäre der letzte Atommeiler nicht vor dem Jahr 2036 vom Netz gegangen.

	2016	2020	2030	2040	2050
Treibhausgasemissionen					
Treibhausgasemissionen (gegenüber 1990)	−27,3%*	mindestens −40%	mindestens −55%	mindestens −70%	weitgehend treibhausgasneutral −80 bis −95%
Erneuerbare Energien					
Anteil am Bruttoendenergieverbrauch	14,8%	18%	30%	45%	60%
Anteil am Bruttostromverbrauch	31,6%	mindestens 35%**	mindestens 50% EEG 2017: 40–45% bis 2025**	mindestens 65% EEG 2017: 55–60% bis 2035	mindestens 80%
Anteil am Wärmeverbrauch	13,2%	14%			
Effizienz und Verbrauch					
Primärenergieverbrauch (gegenüber 2008)	−6,5%	−20%			−50%
Endenergieproduktivität (2008-2050)	1,1% pro Jahr (2008-2016)		2,1% pro Jahr (2008-2050)		
Bruttostromverbrauch (gegenüber 2008)	−3,6%	−10%			−25%
Primärenergiebedarf Gebäude (gegenüber 2008)	−18,3%				−80%
Wärmebedarf Gebäude (gegenüber 2008)	−6,3%	−20%			
Endenergieverbrauch Verkehr (gegenüber 2005)	4,2%	−10%			−40%

* vorläufiger Wert für 2016
** Mit dem Koalitionsvertrag zwischen CDU, CSU und SPD wurde ein weiterer zielstrebiger, effizienter, netzsynchroner und zunehmend marktorientierter Ausbau der erneuerbaren Energien beschlossen.
Unter diesen Voraussetzungen wird ein Anteil von etwa 65 Prozent erneuerbare Energien bis 2030 angestrebt; entsprechende Anpassungen werden vorgenommen. Sonderausschreibungen im Bereich Wind und Solarenergie sollen zum Klimaschutzziel 2020 beitragen. Die Herausforderung besteht in einer besseren Synchronisierung von erneuerbaren Energien und Netzkapazitäten.

Abbildung 1: Quantitative Ziele der Energiewende und Status 2016 (BMWi 2018c).

Im Frühjahr 2011 änderte sich allerdings die Situation schlagartig, als die Katastrophe im Atomreaktor Fukushima Daiichi auf tragische Weise die technologische Hybris der Atomindustrie aufzeigte. Ein Tsunami setzte die Stromversorgung der Kühlsysteme außer Kraft, sodass in einigen Blöcken des AKWs eine Kernschmelze stattfand. Vielen wurde klar: Es kann überall auf der Welt aus den unterschiedlichsten Gründen zu einem längeren Stromausfall kommen, der ein AKW, dieses technische Meisterwerk, in eine Katastrophenmaschine verwandelt.

Bei der Kehrtwende in der Atompolitik spielten sowohl Neubewertung der Risiken wie auch das Streben der damaligen Regierung nach Machterhalt eine Rolle. Unter dem Druck der öffentlichen Meinung fasste die Bundesregierung im Juni 2011 die Energiewendebeschlüsse: Die Verlängerung der Laufzeiten wurde zurückgenommen und ein Fahrplan für den endgültigen Atomausstieg bis 2022 festgelegt. Außerdem nahm man kurzfristig acht AKWs vom Netz.

4.3 Rückenwind durch die Wissenschaft

Der erklärte irreversible Ausstieg aus der Atomenergie wird nur dann in eine echte Energiewende, also auch eine komplette Dekarbonisierung aller Sektoren (Energie, Verkehr, Gebäude), einmünden, wenn die Politik bereit bleibt und politische Mehrheiten dafür findet, am selbst gewählten »Kompass« der langfristigen Ziele des Energiekonzepts festzuhalten und diese Ziele konsequent bis 2050 umzusetzen.

Es gibt derzeit – trotz der erkennbaren Umsetzungsdefizite (siehe nächster Abschnitt) – keine offizielle Debatte über eine grundsätzliche Revision der Ziele des Energiekonzepts von 2010/11. Dafür ist eine Tatsache mitentscheidend, die einen Paradigmenwechsel der energiewissenschaftlichen Politikberatung widerspiegelt: Die quantifizierten Leitziele des Energiekonzepts der Bundesregierung konnten sich in den Jahren 2010/11 auf einen weitgehenden Konsens der einschlägigen Forschungsinstitute in Deutschland stützen, der zehn Jahre zuvor noch undenkbar gewesen war. Damit war eine entscheidende Voraussetzung hinsichtlich der Wissensbasis und wissenschaftlicher Politikfundierung erfüllt, die in anderen Ländern heute noch nicht in vergleichbarer Form vorliegt. Dabei ergibt sich ein interessanter Bezug zu Macrons Europarede an der Sorbonne von 2017 (vgl. Kap. 7.1): Hier wurde auch eine fundiertere, besser finanzierte, unabhängige Wissenschaft im Hinblick auf Energie- und Klimafragen gefordert.

Die wachsende Vielfalt und die enorme Ausdifferenzierung der Szenarienlandschaft zur Weiterentwicklung der Energiewende in Deutschland sind heute nur noch für Fachleute überschaubar. Als Grundaussage bleibt jedoch der weitgehende Konsens der Jahre 2010/11, der sich auch im Vergleich der folgenden neueren, repräsentativen Szenarien ausdrückt: Abbildung 2 vergleicht repräsentative Langfristszenarien für Deutschland, die – neben dem forcierten Umbau hin zu erneuerbaren Energien – alle der Energieeffizienz eine zentrale Rolle zuweisen.

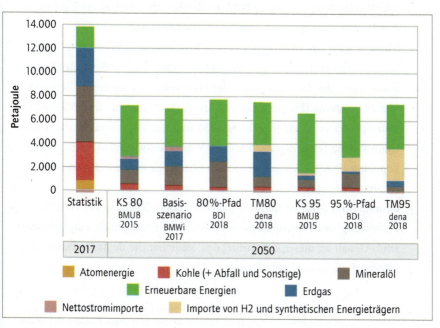

Abbildung 2: Vergleich des Primärenergieverbrauchs 2017 mit repräsentativen Energiewendeszenarien für 2050 nach Energieträgern (in Petajoule/Jahr) (vgl. Samadi 2018).

Die Quintessenz bei derzeitigem Kenntnisstand lässt sich wie folgt zusammenfassen:
- Erstens wird eine absolute Entkopplung – moderat steigendes Bruttoinlandsprodukt und etwa halbierter Primärenergieverbrauch – bis zum Jahr 2050 in technischer Hinsicht für möglich gehalten. Gleichzeitig lassen sich sämtliche Risiken (etwa Klimawandel, Energieimportabhängigkeit) des heutigen Energiesystems drastisch reduzieren, und der beschlossene Atomausstieg wird bis 2022 erreicht werden.
- Zweitens kann der Anteil erneuerbarer Energien am Energieverbrauch umso schneller angehoben werden, je erfolgreicher durch eine massive Einsparstrategie der verbleibende Energieverbrauch gesenkt wird.
- Drittens verlangt eine ambitionierte Klimaschutzstrategie bis 2050, dass der schrittweise Atomausstieg bis 2022 durch einen ebenso strategisch geplanten Kohleausstieg bis zu den 2030er-Jahren flankiert wird.
- Viertens wird ein 80-prozentiges CO_2-Reduktionsziel bis 2050 im Prinzip beim Stand der Technik für erreichbar gehalten. Eine vollständige Dekarbonisierung der Industrie (etwa der Stahlindustrie) sowie von Teilen des Verkehrssystems (Flugverkehr, Frachtverkehr, Schienen- und öffentlicher Nahverkehr) erfordert jedoch bis 2030 und darüber hinaus beträchtliche Innovationen (etwa den Aufbau einer Wasserstoffwirtschaft) durch Sektorkopplung (PtX[4]) sowie gegebenenfalls Energieimporte auf der Basis erneuerbarer Energien.
- Grundlegend dafür ist fünftens, dass ein Pfad in Richtung der errechneten Halbierung des Primärenergieverbrauchs auch tatsächlich eingeschlagen wird. Genau an dieser entscheidenden Stelle hat die deutsche Politik ihre größten Defizite (vgl. Abbildung 1).

---

4 Die Abkürzung PtX steht für Power to X (heat, gas or liquid). Gemeint ist damit in der Regel, dass Strom aus erneuerbaren Energien in Wärme, in Gas oder einen flüssigen Brennstoff verwandelt wird; auf diese Weise können Strom-, Wärme- und Verkehrssektor gekoppelt werden.

Eine Mengenbilanz der Energiewende bis 2050 basiert auf zahlreichen Voraussetzungen und Annahmen. Einige der wichtigsten sind: ein integrierter Dekarbonisierungsprozess des Strom-, Verkehrs- und Wärmesektors, eine stark forcierte Strategie der Energieeffizienzsteigerung und des Energiesparens sowie der simultane Ausbau der Infrastruktur (vor allem der Transport- und Verteilungsnetze). Auf all diesen Gebieten gibt es enormen Nachholbedarf. Um präziser um- und gegensteuern zu können, sind daher auch ein mittelfristiges Zieljahr (2030) und vor allem sektorspezifische Ziele wichtig.

Für die konkrete Umsetzung der Energiewende und des Klimaschutzes sind daher die sogenannten Sektorziele für 2030 (siehe Abbildung 3) besonders politikrelevant, die die Bundesregierung im Klimaschutzplan 2050 (BMU 2016) beschlossen hat; diese Sektorziele (für die fünf Sektoren Energiewirtschaft, Industrie, Gebäude, Verkehr, Landwirtschaft) sollen den Kern eines Bundesklimaschutzgesetzes bilden, das die Bundesregierung 2019 auf den Weg bringen will. Das Ziel, den CO_2-Ausstoß bis 2020 um 40 Prozent zu vermindern, dürfte deutlich verfehlt werden: Realistisch scheinen heute nur 32 Prozent. Man darf gespannt sein, ob die Regierung in der Folge den Mut und die Kraft aufbringt, ein Gesetz mit verbindlichen Sektorzielen bis 2030 zu verabschieden und tatsächlich sozial- und wirtschaftsverträglich umzusetzen. Dabei stellt sich auch die demokratierelevante Frage, welcher verantwortlichen Institution die Prozess- und Steuerungsverantwortung für die Erreichung der Sektorziele übertragen werden soll. Sicherlich tragen im nationalen Bereich letztlich Regierung und Parlamente die letzte Verantwortung. Welche Rolle spielen aber die einzelnen Ressorts und ihre Chefs? Da die CO_2-Emissionen im Verkehrssektor bis heute sogar leicht gestiegen sind, ist eine Reduktion um rund 40 Prozent bis 2030 ein enormer Kraftakt und verlangt die Umsetzung eines wirklichen Gesamtkonzepts nachhaltiger Mobilität. Kein Verkehrsminister im »Autoland Deutschland« hat bisher ein solches Konzept vorgelegt. Welche Verantwortung trägt dann ein Minister, der sich eher Autofahrern als der nachhaltigen Mobilität verpflichtet fühlt? Pacta sunt servanda: Verbindliche Sektorreduktionsziele in einem Klimaschutzgesetz sind einzuhalten. Mit welchen Folgen bei Missachtung? Finanzielle Konsequenzen für das Ressort? Persönliche Konsequenzen für den Ressortchef? Eine neue und spannende Frage, nicht nur für Deutschland, sondern auch für die EU! Sie zu regeln ist ein dringender Auftrag an die Governance erfolgreicher Klimaschutz- und Energiewendepolitik.

Handlungsfeld	1990	2014	2030	2030 (Minderung in % gegenüber 1990)
	(in Mio. t CO$_2$-Äquivalent)			
Energiewirtschaft	466	358	175–183	62–61 %
Gebäude	209	119	70–72	67–66 %
Verkehr	163	160	95–98	42–40 %
Industrie	283	181	140–143	51–49 %
Landwirtschaft	88	72	58–61	34–31 %
Teilsumme	**1.209**	**890**	**538–557**	**56–54 %**
Sonstige	39	12	5	87 %
Gesamtsumme	**1.248**	**902**	**543–562**	**56–55 %**

Abbildung 3: Sektorziele im Klimaschutzplan 2050 der Bundesregierung (BMU 2016:8).

4.4 Eine gemischte Bilanz zur Halbzeit (2018)

Die bisherige Bilanz der Energiewende kann hier nur in groben Zügen zusammengefasst werden. Abbildung 1 zeigt in der Spalte für das Jahr 2016, dass vor allem beim Energiesparen, bei der Verfehlung des CO_2-Minderungsziels 2020 und beim ökologischen Umbau des Verkehrs- und des Gebäudesektors erhebliche Defizite zu konstatieren sind. Die Energiewende hat durch die unerwartet rasche Steigerung der erneuerbaren Stromerzeugung aus Photovoltaik (PV) und Wind nicht nur eine fulminante weltweite Kostendegression begünstigt:

Durch die Anhebung des erneuerbaren Stromanteil von unter 5 Prozent in den 1990er-Jahren auf rund 40 Prozent Ende 2018 (vgl. Zeit Online 2018) wurde auch die Machbarkeit einer »Stromwende« innerhalb von 20 Jahren veranschaulicht, was weltweite Beachtung gefunden hat. Zunächst in Japan, dann in Deutschland und heute in China wurde dadurch ein technologischer Megatrend in Gang gesetzt (»Cheap Power for the World«), der noch anhält und weitere Lerneffekte und Kostendegressionen bei PV und Wind erwarten lässt.

Bisher jedoch ist die Energiewende im Wesentlichen eine Stromwende geblieben: Die Gebäudewende hat nur zaghaft begonnen, und die Verkehrswende wurde so stark vernachlässigt, dass die CO_2-Emissionen, die eigentlich bis 2020 um 10 Prozent sinken sollen, bis 2017 sogar um 3,8 Millionen Tonnen CO_2 gestiegen sind.

Die Bundesrepublik, die ursprünglich als Vorreiter beim Klimaschutz bei und der Energiewende galt, ist daher beim weltweiten Klimaschutzindex inzwischen auf Rang 27 der 60 wichtigsten Treibhausgasemittenten abgerutscht (vgl. Burck u. a. 2018). Kein Wunder: Bei der Energiewende steuert die Große Koalition seit Jahren und auch in absehbarer Zukunft einen mutlosen und – im Rahmen der EU – eher bremsenden Kurs.

Der Großen Koalition fehlen die Einsicht, die Kraft und die Einigkeit, den unumgänglichen Strukturwandel der Energiewende zu gestalten und den potenziell negativ Betroffenen (Beschäftigten, Unternehmen, Regionen) durch eine vorausschauende ökosoziale Industrie- und Dienstleistungspolitik und durch einen Masterplan »sozial-ökologische Transformation« neue Zukunftsperspektiven und diversifizierte »grüne« Geschäftsfelder zu ermöglichen.

Diese Führungsschwäche ist umso unverständlicher, als sich eine vorausschauende Energiewende- und Klimaschutzpolitik heute nicht mehr – wie in den 1980er-Jahren – gegen eine strukturkonservative Energiewissenschaft behaupten muss, sondern durch eine Vielzahl von Analysen eigentlich Rückenwind verspüren sollte. Auf kaum einem Feld deutscher Politik zeigen sich die fatalen Folgen neoliberaler Ideologie und Politik so eklatant wie bei der

Energiepolitik: Selbst dort, wo staatliches Handeln einen »grünen Kapitalismus« stärken könnte, wird ein »gestaltender Staat« bekämpft und einer richtungslosen Marktversessenheit gehuldigt (vgl. WBGU 2011). »Der Markt ist eine geplante Veranstaltung« (Kurt Biedenkopf, zitiert in Hennicke 2000). Dieser Aphorismus bringt es auf den Punkt: Ohne eine Gestaltung von Rahmen- und Transformationsbedingungen kann die sogenannte Selbstregulierung von Märkten – zum Beispiel beim Klimawandel – in die Katastrophe führen.

Das gilt nicht nur für die ökologische, sondern auch für die soziale Frage. Das Memorandum der Arbeitsgruppe Alternative Wirtschaftspolitik hat wiederholt aufgezeigt: Einseitige internationale Wettbewerbspolitik auf Kosten einer Mehrheit der Beschäftigten macht abhängig von Weltmarktkrisen, schwächt die nationale Kaufkraft und den Binnenmarkt und zersetzt schleichend die soziale Kohärenz. Der Druck auf Löhne und Sozialleistungen, die Umverteilung von unten nach oben, zunehmende öffentliche Armut und eine Niedrigzinsphase können vorübergehend Bedingungen schaffen, um auf Kosten von Importländern Exportüberschüsse zu erwirtschaften und die Illusion eines investitions- und innovationsstarken Landes aufrechtzuerhalten. Aber zukunftsfähig und längerfristig enkeltauglich ist dieser Politikstil nicht. Je länger an ihm festgehalten wird, desto stärker ist der Verlust an sozialem Zusammenhalt, und desto mehr wirtschaftliche und soziale Chancen werden verpasst. Der Energiesektor zeigt dies exemplarisch, wenn das ökosoziale Fortschrittspotenzial der Energiewende nicht ausgeschöpft wird. Die entgangenen Gelegenheiten im Energiesektor durch unterlassene Effizienzsteigerung, Verlängerung der fossilen Automobilität und Defizite einer unsozialen und unökologischen Baupolitik (vor allem der Verzicht auf sozialverträgliche energetische Sanierung von Mietwohnungen) führen zu Milliardenverlusten und können – wie im Gebäude- oder Kraftwerksbereich – zu schwer korrigierbaren langfristigen Pfadabhängigkeiten führen. In der deutschen Industrie könnten zum Beispiel mit kumulierten Investitionen von neun Milliarden Euro seit 2013 bis zum Jahr 2030 insgesamt 65 Milliarden Euro Energiekosten eingespart werden (vgl. Bauernhansl 2014) – ein riesiges zusätzliches Finanzierungspotenzial für Innovationen, Investitionen, neue Geschäftsfelder und Beschäftigung. Gerade bei der Energieeffizienzpolitik klafft der Stand des Wissens (über Hemmnisse) und des Handelns (durch Hemmnisabbau und einen breiten Instrumentenmix) weit auseinander.

4.5 Die sozialen Chancen der Energiewende

Lange Zeit wurden die Notwendigkeit und die technische »Machbarkeit« der Energiewende mithilfe von Szenarien demonstriert, die sich auf das physische Energiesystem (Mengenbilanzen für Energieerzeugung und -verbrauch) und dessen Emissionen konzentrierten. Abbildung 1 folgt dieser Darstellung, die für die Begründung der prinzipiellen Realisierbarkeit der Ziele des Energiekonzepts 2010/11 wesentlich ist. Die szenariengestützte Analyse der physisch-technischen »Machbarkeit« einer Energiewende ist aber nur der erste analytische Schritt, um den grundlegenden Strukturwandel einer sozial-ökologischen Transformation zu verstehen und politisch umzusetzen.

Bei der Umsetzung der Energiewende haben daher sozioökonomische Fragen (etwa Kosten- und Preisentwicklung, Wachstumseffekte, Wettbewerbsfähigkeit, Beschäftigungswirkung, Fragen der Verteilung und des Lebensstils) zunehmend an Bedeutung gewonnen. Zwar haben sie bisher noch keinen integrierten und langfristig orientierten Politikwechsel einleiten können, doch sie werden in Zukunft die Diskussion über die Energiepolitik dominieren. Die Konflikte um den Kohleausstieg in Deutschland oder auch der Auslöser der Proteste der »Gelbwesten« in Frankreich – ein sozial unüberlegtes Konzept einer Ökosteuer auf Diesel und Benzin (vgl. hierzu Kap. 6.2) – sind unüberhörbare Signale.

Die Energiewende muss als gerecht empfundene sozial-ökologische Transformation umgesetzt werden, wenn sie erfolgreich sein soll. Sie muss vorhandene Spaltungen und Ungerechtigkeiten in der Gesellschaft möglichst abbauen helfen und darf sie keinesfalls noch verschärfen.

Es geht daher nicht mehr darum, ob eine Energiewende im Sinne eines umfassenden Energiewendekonzepts technisch machbar ist, sondern welche sozioökonomischen Implikationen mit dem ambitionierten Transformationsprozess hin zu einem vollständig dekarbonisierten und sicheren (atomenergiefreien) Energiesystem verbunden sind.

Hier kommt auch die neue Qualität von transformativer Wissenschaft (vgl. auch Schneidewind und Singer-Brodowski 2014) ins Spiel. Denn wir wissen noch zu wenig, wie leitzielorientierte Langfristpolitik für den Klimaschutz und die Energiewende tatsächlich graduell, sozial- und wirtschaftsverträglich umgesetzt werden kann, welche Treiber und Hemmnisse vorliegen und welche sozioökonomischen Implikationen damit verbunden sind. Soll eine überwiegende Mehrheit der Bürger dauerhaft – für die nächsten 30 Jahre (!) – die Energiewende unterstützen (wie es derzeit noch der Fall ist), dann muss auch mit Foresight-Methoden – so belastbar wie überhaupt bei prinzipieller Zukunftsungewissheit möglich – gezeigt werden, welche Chancen und welche Herausforderungen mit einem forcierten Strukturwandel verbunden sind. Aus diesem umfangreichen neuen Forschungsgebiet können hier nur einige bereits heute quantifizierbare Analysen und Effekte hervorgehoben werden. Dabei müssen nicht nur die Herausforderungen von Klima- und Ressourcenschutz, sondern vor allem auch – so verlässlich wie für zukünftige Entwicklungen möglich – die gesellschaftlichen Chancen untersucht werden.

Im Folgenden werden aus vorliegenden Studien zunächst die positiven makroökonomischen Effekte und entsprechende Co-Benefits einer Energiewende und Klimaschutzpolitik in Deutschland zusammengetragen. Hier hat sich in den letzten Jahren ein grundsätzlicher Richtungswechsel bei der Abschätzung von voraussichtlichen Kosten und Nutzen des Klimaschutzes und der Energiewende ergeben. Während früher die Bewertung von Klimaschutzmaßnahmen als »burden sharing« (Lastenteilung) dominierte, werden auf der Grundlage von Innovationen, Lerneffekten und Kostensenkungen in modernen Analysen zumeist erhebliche positive Nettoeffekte errechnet.

Auch in Studien für den Bundesverband der Deutschen Industrie (vgl. BDI 2019) wird der überwiegende volkswirtschaftliche Nutzen einer 80-prozentigen CO_2-Minderung für die deutsche Industrie bis 2050 hervorgehoben. Dies bedeutet aus der Sicht eines Industrieverbandes einen veritablen Paradigmenwechsel: Während früher hauptsächlich die Energiekosten Kriterium für die Wettbewerbsfähigkeit waren, sind heute die Exportchancen auf den globalen Leitmärkten für »GreenTech« (etwa Energie- und Ressourceneffizienz, Erneuerbare Energien, nachhaltige Mobilität, allgemeine Umwelttechniken) in den Mittelpunkt des Interesses gerückt (vgl. BMU 2018). In anderen europäischen Ländern, in den USA oder auch in Japan (etwa beim Wirtschaftsverband Nippon Keidanren) ist die überholte Doktrin in Hinblick auf die angeblich hohen wirtschaftlichen Nettokosten des Klimaschutzes noch keineswegs überwunden. Denn der Transformationsprozess einer Energiewende geht mitten durch die Industrie. Plakativ formuliert: »Braune Sektoren« des fossil-industriellen Komplexes schwinden und bedürfen vorausschauender Diversifizierungsstrategien, »grüne Sektoren« (GreenTech) sollten so schnell wie möglich wachsen und benötigen Anschubfinanzierung und verlässliche, langfristige Rahmenbedingungen. Nicht »Deindustrialisierung«, sondern »grüne, ressourcenleichte, klimaverträgliche und sozial nachhaltige Reindustrialisierung« ist die Leitidee der Energiewende.

Gestützt auf neoliberale Dogmen und wirklichkeitsfremde Modellierungen, haben Ökonomen mit fahrlässigen Politikempfehlungen wie etwa »Anpassen an den Klimawandel ist billiger als Vermeiden«[5] vor allem in den USA dazu beigetragen, dass die Menschheit gut 20 Jahre verloren hat, um dem Klimawandel energisch entgegenzutreten.

Diese neoliberale Doktrin des »burden sharing« hat sich aber – auch angesichts der heute deutlicher erkennbaren exorbitanten Schadenspotenziale eines

---

5 Vgl. zu einer frühen Kritik am DICE-Modell des späteren (2018) Nobelpreisträgers William D. Nordhaus: Hennicke und Becker 1997. Interessanterweise feierte die Welt (vgl. Kaiser 2018) die Preisverleihung an Bill Nordhaus als »ein Statement für den Klimaschutz«!

ungebremsten Klimawandels – vor allem in Europa – deutlich verändert: Eine ambitionierte Klimaschutzstrategie wird sowohl von der EU-Kommission (Kap. 5) als auch – insbesondere in Deutschland – von Wissenschaft und Politik ganz überwiegend als eine ökologische Modernisierungsstrategie ersten Ranges eingeschätzt.

Den analytischen Paradigmenwechsel in der deutschen wissenschaftlichen Politikberatung fasst eine aktuelle Studie repräsentativer Institute prägnant zusammen (Öko-Institut u. a. 2018b). Diese Studie steht stellvertretend für eine Reihe von Analysen, die im Grundsatz zu vergleichbaren Ergebnissen führen. Wir gehen daher im Folgenden etwas ausführlicher auf die exemplarischen Ergebnisse dieser Studie ein.

Sechs Institute haben im Auftrag des Umweltministeriums die ökologischen, sozialen und wirtschaftlichen Folgewirkungen untersucht, die sich bei der Umsetzung der Sektorziele (siehe oben) des deutschen Klimaschutzplans 2050 ergeben.

Hier eine kurze Zusammenfassung der Ergebnisse (vgl. Öko-Institut u. a. 2018b, S. 7 ff.):

1. Die Erreichung der Sektorziele erfordert in allen Sektoren erhebliche zusätzliche Investitionen. Die Umsetzung der Energiewende und ambitionierter Klimaschutz stellen insofern ein Zukunftsinvestitionsprogramm mit einer neuen »grünen« Qualität dar, da es geeignet ist, nicht nur die schwache deutsche Investitionsquote und die daraus resultierenden gesamtwirtschaftlichen Multiplikatorwirkungen quantitativ zu steigern. Neue Geschäftsfelder, etwa im Bereich Energie- und Ressourceneffizienz, nachhaltige Mobilität und erneuerbare Energien, haben auch eine neue ökologische Qualität von »grünen« Wachstumsimpulsen« angestoßen. Eine »Wachstumskritik« (vgl. zu einem Überblick BUND 2019), die die »Qualität« dieses Strukturwandels (etwa rasch wachsende ökoeffiziente Potenziale und Geschäftsfelder) nicht hinreichend reflektiert, ist daher nicht zielführend. Ambitionierter Klimaschutz und eine Energiewende im Sinne einer sozial-ökologischen Transformation

bedeuten vereinfacht ausgedrückt: Der wirtschaftliche Strukturwandel wird so beschleunigt, dass »braune Sektoren« (der fossil-industrielle Komplex) schneller schrumpfen und »grüne Sektoren« (etwa Energieeffizienz, erneuerbare Energien) rascher wachsen müssen. Welchen aggregierten Wert die Wirtschaftsstatistik für die nominale Summe aller Güter und Dienstleistungen in einer Volkswirtschaft (also für das Bruttosozialprodukt) als Resultat dieses Strukturwandels pro Jahr aufweist, ist dabei offen. Das Resultat kann, muss aber nicht notwendig ein positives Wirtschaftswachstum sein.

2. In den meisten Sektoren zeigt sich, dass eine vorrangig auf Energieeffizienz fokussierte Strategie[6] mit volkswirtschaftlichen Vorteilen verbunden ist, da den notwendigen Investitionen auch ähnlich hohe oder sogar noch höhere Einsparungen gegenüberstehen. Insofern bestätigt die Studie die ökonomische Rationalität des Prinzips »Energy Efficiency First«. Denn auch intuitiv leuchtet ein, dass der Anteil erneuerbarer Energien kostengünstiger, ressourceneffizienter sowie mit weniger Flächen- und Landschaftsverbrauch verbunden ist und schneller gesteigert werden kann, je mehr unnötiger Energieverbrauch durch Energiesparen und effiziente Nutzung vermieden werden kann.

3. »In der gesamtwirtschaftlichen Analyse zeigen sich insgesamt positive Auswirkungen auf Wertschöpfung, Bruttoinlandsprodukt und Beschäftigung. Allerdings stehen Zugewinnen in vielen Branchen auch rückläufige Entwicklungen von Wertschöpfung und Beschäftigung in einigen Branchen gegenüber. Diese Entwicklungen müssen entsprechend flankiert werden« (ebd., S. 7). »Flankiert« ist allerdings eine sehr verkürzte Formulierung für die Notwendigkeit einer vorausschauenden Governance der sozial-ökologischen Transformation. Ansatzpunkte hierzu haben etwa der Bericht

---

[6] Die Studie unterscheidet zwei Zielpfade: Zielpfad A (Schwerpunkt Energieeffizienz) nutzt die vorhandenen Effizienzpotenziale weitgehend aus und berücksichtigt erneuerbare Energien im Wärmemarkt nur sehr zurückhaltend. Zielpfad B (Schwerpunkt Erneuerbare Energien) schöpft dagegen die verfügbaren Wärmepotenziale erneuerbarer Energie, verbunden nur mit einem Mindestmaß an Energieeffizienz, weitgehend aus.

der »Kohlekommission« (Kommission »Wachstum, Strukturwandel und Beschäftigung« 2019) oder auch der Bericht des WBGU zur »Zeit-gerechten Klimapolitik« (WBGU 2018) dargestellt.

4. Auch bei der Analyse von Strompreisen und Energiekosten zeigt sich, dass eine Energiewende im Vergleich zur Referenzentwicklung für die Wirtschaft meist vorteilhaft ist beziehungsweise nur geringfügige Belastungen zur Folge hat. »So führt etwa der in den Zielpfaden unterstellte Ausbau der erneuerbaren Energien entsprechend des 65 %-Ziels der Bundesregierung gegenüber der Referenzentwicklung zu verringerten Großhandelsstrompreisen« (Öko-Institut u. a. 2018a, S. 7).

5. Die positiven makroökonomischen Effekte beruhen unter anderem darauf, dass durch die deutlichen Effizienzverbesserungen bei der Umsetzung der Energiewende und durch den Übergang zur Elektromobilität erhebliche Einsparungen beim Import fossiler Energieträger möglich werden. Wenn die Kosteneinsparungen in nationale Wertschöpfung, etwa bei der Gebäudesanierung und für einen erhöhten Verteilungsspielraum zugunsten von Lohneinkommen, genutzt werden, wird der – auch von der EU-Kommission immer wieder heftig kritisierte – übermäßige deutsche Exportüberschuss nicht erhöht, sondern kann sogar sinken.

6. Im Zuge des vollständigen Atomausstiegs bis zum Jahr 2022 und bei einem mittelfristig gestalteten Kohleausstieg (bis 2030?) wird die überholte Vorstellung einer dauerhaft verfügbaren »Grundlast« durch fossil-nukleare Großkraftwerke zur Sicherung der Versorgungssicherheit gänzlich obsolet (vgl. Agora Energiewende 2018). Der Einspeisevorrang für Strom aus Wind und Sonne zu sehr geringen Betriebskosten führt dazu, dass diese variablen Strommengen in Zeiten starker Wind- und Solarstromangebote die früher über das gesamte Jahr laufenden Grundlastkraftwerke (Atom- und Braunkohle) verdrängen. Gleichwohl muss die ganzjährige sichere Versorgung der »Grundlastnachfrage« beispielsweise stromintensiver Industrien auch für Zeiten der »Dunkelflaute« (wenig Wind, keine Sonne) gewährleistet sein.

7. Schon heute wird im Norden Deutschlands ein Anteil variabler Stromeinspeisung von etwa 50 Prozent (vor allem aus Wind) verlässlich gewährleistet. Die Energiewissenschaft spricht von Versorgungssicherheit durch »Flexibilitätsoptionen«, die parallel zur steigenden variablen Stromeinspeisung aus Wind und Sonne ins Energiesystem einbezogen werden. Dazu gehören zum Beispiel der Einsatz von hocheffizienten Gaskraftwerken zur Spitzenlastabdeckung, der Ausbau des Stromtransportnetzes, die durch den Einsatz von Informations- und Kommunikationstechnik ermöglichte optimierte Nutzung von Verteilnetzen für das Pooling dezentraler Einspeisung, Speicher und Nachfragesteuerung, der Ausbau von Speicherkapazität für Wärme (bei Kraft-Wärme-Kopplung), die Lastverlagerung geeigneter Industrieprozesse sowie perspektivisch die Erzeugung von Wasserstoff und die Koppelung der E-Mobilität und Batteriespeicherung mit dem Stromnetz (vgl. Nationale Akademie der Wissenschaften Leopoldina, acatech – Deutsche Akademie der Technikwissenschaften und Union der deutschen Akademien der Wissenschaften 2018, S. 27). Die Studie des Öko-Institutes bemerkt daher auch für den Zeitraum bis 2030 nüchtern: »Eine Gefährdung der Versorgungssicherheit im Bereich der Stromerzeugung ist nicht zu erkennen bzw. lässt sich durch vergleichsweise moderate Maßnahmen vermeiden« (Öko-Institut u. a. 2018a, S. 7). Dänemark und Deutschland mit der derzeit höchsten Quote variabler Stromeinspeisung aus Wind und Sonne (rund 40 Prozent) sind im europäischen Vergleich Spitzenreiter bei der Versorgungssicherheit (vgl. Agora Energiewende 2018).
8. Die Studie hat zudem positive Wirkungen durch vermiedene Schadstoffemissionen und vermiedene externe Kosten des Klimawandels belegt. Obwohl nach Rechnungen des Umweltbundesamtes (vgl. UBA 2019) die externen Kosten (das heißt die monetarisierten Schäden an Menschen, Eigentum und Natur) von Kohlestrom pro Kilowattstunde die Produktionskosten weit übersteigen, spielen sie für die betriebswirtschaftliche Rechnung erst dann eine Rolle, wenn sie schrittweise durch einen Preis auf CO_2 (durch

eine Steuer oder Emissionshandel) berücksichtigt werden. Hierzu wurden Vorschläge entwickelt, die auch Wege aufzeigen, wie die regressive Wirkung einer Preissteuerung zumindest zu reduzieren sind (vgl. Edenhofer und Schmidt 2018, vgl. auch Kap 6.2).

9. Die Studie des Öko-Instituts errechnet auch die voraussichtlichen (Netto-)Beschäftigungseffekte bei der Umsetzung der oben genannten Sektorziele bis 2030. Wenig überraschend, prognostiziert diese Studie vorwiegend in den Sektoren Kohle, Erdöl, Erdgas, aber auch in abgeschwächter Form im Fahrzeugbau bis 2030 einen Verlust von Arbeitsplätzen. Dem stehen jedoch vor allem im Bau- und Ausbaugewerbe, bei elektrischen Ausrüstungen und im Handel sowie bei übrigen Dienstleistungen erhebliche Beschäftigungsgewinne gegenüber. In der Summe werden netto für das Jahr 2030 für den Zielpfad A (maximale Effizienz) deutlich höhere Beschäftigungseffekte (427.000 zusätzliche Beschäftigte) errechnet. Für den Zielpfad B (maximal erneuerbare Energien) wurden 307.000 zusätzliche Beschäftigte ermittelt.

4.6 Die Energiewende als gesellschaftspolitisches Projekt

4.6.1 Das »Gemeinschaftswerk« fortführen

Am 30. Mai 2011 legte die von Bundeskanzlerin Merkel unter der Leitung von Klaus Töpfer und Matthias Kleiner eingesetzte »Ethik-Kommission« ihren Abschlussbericht vor (Ethik-Kommission 2011). Dieser unter hohem Zeitdruck und im Konsens zwischen unterschiedlichen Meinungsführern erstellte Bericht ist insofern ein bemerkenswertes Dokument, als es den Ausstieg aus der Kernenergie und die Energiewende als eine gesellschaftspolitische Aufgabe versteht und vor diesem Hintergrund die Idee eines Gemeinschaftswerkes »Energiezukunft Deutschland« in den Vordergrund stellt. Während in den meisten offiziellen Dokumenten dieser Zeit die nationalen wie internationalen gesellschaftspolitischen Dimensionen eines Atomausstiegs und einer Energiewende nur am Rande betrachtet werden, stehen sie – wenn auch nur in allgemeiner Form – im Bericht der Ethik-Kommission im Mittelpunkt. Nicht nur das »große Interesse« der internationalen Gemeinschaft am Erfolg des angeblichen »deutschen Sonderwegs«[7] wird betont, sondern auch die enorme Bedeutung der lokalen Entwicklungen: »Mit Blick auf die lokale Ebene, in vielen Unternehmen, bei Initiativen und zivilgesellschaftlichen Einrichtungen sieht die Ethik-Kommission Deutschland in der ganzen Breite der Gesellschaft längst auf dem Weg in eine Zukunft, die die Nutzung der Kernenergie verzichtbar macht« (Ethik-Kommission 2011, S. 5).

Anschließend ist der gesellschaftspolitische Ansatz der Ethik-Kommission von der offiziellen Energiepolitik nicht weiter verfolgt worden. So hätte schon damals der aus Klimaschutzgründen unvermeidliche mittelfristige Ausstieg aus der Kohle thematisiert und eine vorsorgende, sozialverträgliche Lösung vorbereitet werden müssen. Das gilt auch für die Fragen der sozial unausgewogenen Finanzierung der EEG-Umlage durch Haushalte und kleinere und mittlere Unternehmen sowie für die Probleme wachsender Energiearmut (vgl. hierzu Kap. 5.5). Diese Defizite bei der gesellschaftspolitischen Analyse sind ein Grund dafür, dass sowohl die gesellschaftspolitische Dimension des Transformationsprojekts »Energiewende« in der Regel unterschätzt als auch ihr Demokratisierungs- und Reformpotenzial bisher weitgehend ignoriert werden.

Die visionäre energie- und gesellschaftspolitische Idee einer Energiewende ist quasi in unzählige hochkomplexe und differenzierte Systemanalysen, Szenarien und Einzelstudien zergliedert worden, die nur noch von einem Expertenkreis überschaut, aber von der breiten Öffentlichkeit nicht mehr nachvollzogen werden können.

---

7 Managementmängel und Umsetzungsdefizite der realen Energiewende in Deutschland werden immer wieder zum Anlass genommen, die Ziele der Energiewende und den notwendigen Transformations- und Regulierungsansatz insgesamt infrage zu stellen und als angeblichen »Sonderweg« zu diskreditieren; vgl. in der neueren Zeit Haucap (2018).

Verloren gegangen ist dabei die Weiterentwicklung des Gedankens eines wirklichen »Gemeinschaftswerks«, das nicht einer Volksgemeinschaftsideologie das Wort redet, sondern Bürgerpartizipation, gesellschaftliche Akzeptanz, Demokratisierung, gemeinwirtschaftliche Unternehmensformen und generell die Bedeutung der lokalen Transformationsebene in den Mittelpunkt stellt. Es liegt auf der Hand, dass die eigene, gemeinschaftliche oder kommunal/regionale Erzeugung und Nutzung von Energie (zumeist Strom aus Photovoltaik oder dezentraler Kraft-Wärme-Kopplung) das Verhältnis zum scheinbaren »Low interest«-Produkt Strom wie auch die generelle Einstellung zur Energiewende grundlegend verändert. Der bewusstere und selbstbestimmte Umgang mit erneuerbarer Energie und mit Energiesparen ersetzt die Ideologie einer von Konzernen betriebenen Versorgung mit Atom- und Kohlestrom, der angeblich risikolos nur »aus der Steckdose« kommt.

4.6.2 Dezentralisierung als säkularer Trend

Die ordnungspolitische Zielvision zukünftiger, vollständig dekarbonisierter und risikominimierender Energiesysteme bedeutet das Ende der Energiewelt, wie wir sie kannten. Vieles ist noch undeutlich, aber erste Konturen sind schon erkennbar: Klassische Konzerne zur Energieversorgung werden verschwinden. Millionen neuer Akteure auf der Nachfrage- und Angebotsseite des Energiesystems werden miteinander interagieren. Strom-, Wärme- und Verkehrssektor werden über Digitalisierung und Elektrifizierung zusammenwachsen. Netze werden intelligent gesteuert werden, und virtuelle Kraftwerke, das Zusammenschalten von dezentralen Erzeugungsanlagen, Speichern und Last-Management-Optionen werden eine wesentliche Rolle spielen. Das Fortschrittspotenzial dieser neuen Energiewelt lässt sich vielleicht am besten unter dem Begriff »Revergesellschaftung«[8] subsumieren. Wie sich das verbleibende Zusammen-

---

8 Unter »Revergesellschaftung« wird hier gewissermaßen die »Rückkehr der gesellschaftlichen Verfügungsrechte über Energie« verstanden – auf modernster Grundlage von Techniken der Energieeffizienz, erneuerbaren Energien, energiesparendem Verhalten und Digitalisierung.

spiel zwischen zentralisierten und dezentralisierten Systemen gestalten wird, ist dabei noch weitgehend offen.

Wir beschränken uns im Folgenden auf die Darstellung des säkularen Trends der Dezentralisierung, der in Ansätzen auch quantitativ erfassbar ist. Doch hier ist eine Einschränkung notwendig: Technisch mögliche Dezentralisierung bedeutet noch nicht per se Demokratisierung, kann aber den Weg in eine zukünftige, demokratisierte Energiewelt ebnen. Die Voraussetzung dafür sind gesellschaftliche Kontrolle und Steuerung sowie umfassende Bürgerpartizipation und Finanzierung.

Es ist bezeichnend für die gesellschaftspolitischen Defizite der heute dominierenden Energiewendekonzeption in Deutschland, dass es keine bundesweite, umfassende Untersuchung und ständige Fortschreibung des »Revergesellschaftungs«-Potenzials und der damit verbundenen Systemveränderungen gibt. Bis tief hinein in energiepolitische »Managerkreise der Energiewende«, in der EU-Kommission, in Ministerien, bei Verbänden, Banken und Consultants, gibt es hartnäckige Vorurteile und viel Skepsis gegenüber der nicht top-down steuerbaren dezentralen, zweifellos recht unübersichtlichen neuen Energiewelt. Vor dem historischen Hintergrund der leitungsgebundenen, monopolisierten »Großraumverbundwirtschaft«, die bis in die 1990er-Jahre in Europa und auch in Deutschland vorherrschend war (vgl. Hennicke und Öko-Institut 1985), ist das verständlich. Und für ein Ministerium, das mit der Umsetzung der Energiewende betraut ist, wird es noch lange Zeit eine große Herausforderung darstellen, die versorgungssichere, klimaverträgliche und sozialverträgliche neue Balance zwischen der förmlich explodierenden Vielfalt der Dezentralität und den notwendigen neuen Elementen von erneuerbarer Zentralität (vgl. weiter unten) zu identifizieren und zu fördern. Tragisch und kontraproduktiv für die Energiewende wäre es jedoch, wenn man die gesellschaftspolitisch, technologisch und kostenseitig vorangetriebene Dezentralitätsdynamik bremsen würde, anstatt sie zu ermuntern und intelligent in Richtung kostengünstiger Beiträge zur Versorgungssicherheit zu regulieren.

Eine umfassende Darstellung dieses Themas würde den Rahmen dieses Buches sprengen. Wir beschränken uns daher im Folgenden auf den Bereich der »Revergesellschaftung«, zu dem wenigstens ansatzweise auch empirische Daten vorliegen: die erstaunliche Entwicklung von Prosumern, Bürgerenergiegenossenschaften und rekommunalisierten Stadtwerken. Die Entwicklung partizipativer Prozesse auf der Ebene von Regionen, Gemeinden und Städten müsste darüber hinaus gesondert untersucht werden. Dabei ist zum Beispiel im Rahmen der neuen EU-Governance zu prüfen, ob und inwieweit die für die Erstellung der iNEK-Pläne erforderliche »Beteiligung der Öffentlichkeit sowie angrenzender und interessierter Mitgliedsstaaten« (Nationale Akademie der Wissenschaften Leopoldina et al. 2018, S. 27) tatsächlich erfolgt.

»Revergesellschaftung« bedeutet nicht einfach nur eigentumsrechtliche Dezentralisierung (etwa für Hauseigentümer), gestützt auf die beschriebenen säkularen technologischen Dezentralisierungstrends. Dazu muss auch der faire und sichere Zugang aller Haushalte (insbesondere auch Mieter) zu bezahlbarer erneuerbarer Energie (Strom, Wärme) und nachhaltiger Mobilität gehören. Weiterhin geht es um eine neue Balance zwischen verbleibenden und neuen zentralen Systemen auf erneuerbarer Basis, also dem Zusammenspiel zum Beispiel von Offshorewindparks, geothermischer und solarthermischer Stromerzeugung, Strom- und Wasserstoffimporten, Power-to-X-Anlagen, großen Batteriespeichern sowie nationalem und internationalem Netzausbau. Diese hochkomplexen, großtechnischen und zentralen Systeme einer Energiewende bedürfen einer starken öffentlichen Regulierung, und falls sich privatwirtschaftliche Unternehmensformen als für die Energiewende nicht zielführend erweisen, sind hier auch neue eigentumsrechtliche Gesellschaftsformen notwendig. Auch Verstaatlichung unter demokratischer Kontrolle kann dabei eine Option sein. Diese neu zu ordnende zentralisierte Säule der Energiewende ist nicht Teil dieser Untersuchung; der Fokus liegt vielmehr nachfolgend auf den fulminant wachsenden dezentralen Erscheinungsformen der Energiewende.

Prosumer: Hauseigentümer profitieren – Mieter haben es noch schwer

Die dezentralste Ebene der neuen Energiewelt bilden die »Prosumer«, das heißt eine Vielzahl von neuen Akteuren, die zumeist aus Photovoltaik (PV) Strom produzieren (daher **Pro**sumer), dabei aber gleichzeitig aus dem Netz Strom konsumieren (daher Pro**sum**er).

Im Jahr 2017 gab es in Deutschland 1,64 Millionen PV-Anlagen (vgl. BSW-Solar 2018). Der überwiegende Teil davon nutzt Strom zum Eigenverbrauch und speist gleichzeitig in das Stromnetz Solarstrom ein. Es wird geschätzt, dass bis zum Jahr 2035 in Ein- und Zweifamilienhäusern ein Eigenverbrauchspotenzial von 38,6 TWh bereitgestellt werden kann. In Verbindung mit dezentralen Speichern (Batterien) könnten dann etwa 20,3 TWh Stromverbrauch aus dem Netz ersetzt werden (vgl. PVP4Grid 2018). Sollten Mieterstrommodelle (vgl. BMWi o. J.) künftig durch ein sachgerecht reformiertes Bundesgesetz unterstützt werden,[9] könnte dieses Potenzial noch ungleich höher sein und vor allem auch Mieter und einkommensschwächere Haushalte in den Genuss preisgünstiger Solarstromnutzung bringen. Wegen der bürokratischen Hürden und der Belastung von Mieterstrom mit der EEG-Umlage hat sich das Mieterstromgesetz von 2017 bisher als Flop erwiesen und ist reformbedürftig (vgl. Witsch 2018).

Eine Studie im Auftrag des BMWi (Prognos und BH&W 2017) rechnet mit einem Potenzial von 3,8 Millionen Wohnungen, die prinzipiell mit Mieterstrom aus PV oder dezentralen Blockheizkraftwerken preiswerter als aus dem Netz versorgt werden könnten.

---

9 Vgl. zur Kritik am bestehenden Mieterstromgesetz von 2017 den Artikel im Handelsblatt (Witsch 2018).

Bürgerenergiegenossenschaften: Triebkraft für die Energiewende[10]

Ein wichtiger Treiber der Energiewende und der dezentralen Energieerzeugung in Deutschland sind Bürgerenergiegenossenschaften. Ihre Zahl ist binnen zehn Jahren unerwartet stürmisch von acht (2006) auf 850 (2018) angestiegen.

Der Höhepunkt dieser Entwicklung lag im Jahr 2011 mit 167 Neugründungen. Die Mitgliederzahl liegt zwischen fünf und 276 (Durchschnitt 45) Personen und hat damit eine große Bandbreite. Die Eigentümer sind zu 95 Prozent Privatpersonen, die im Regelfall aus der Region stammen. Die durchschnittliche Beteiligung der Genossenschaftsmitglieder schwankt erheblich von 100 Euro bis 75.000 Euro, ebenso das Startkapital, das zwischen 1.300 Euro und 16,25 Millionen Euro liegt. Die Investitionen werden zu 50 Prozent durch Eigenkapital aufgebracht. Der Löwenanteil geht dabei in die Stromerzeugung (83 Prozent). Bis zum 31.12.2016 war in den seit 2006 gegründeten Genossenschaften ein Mitgliederkapital von 738 Millionen bei 1,84 Milliarden Euro Investitionen angelegt. Neueste Zahlen (2018) sprechen von 850 im Deutschen Genossenschafts- und Raiffeisenverband (DGRV) organisierten Energiegenossenschaften mit 180.000 Mitgliedern, die sich in erneuerbaren Energieprojekten (vorwiegend PV, Wind und Biogas) engagieren – von der Energieproduktion und -versorgung, über den (Wärme-)Netzbetrieb bis hin zur Vermarktung. In jüngerer Zeit werden auch Geschäftsfelder im Bereich Energieeffizienz und E-Mobilität (Sektorkopplung) entwickelt.

Bürgerenergiegenossenschaften sind sowohl in regionalwirtschaftlicher Sicht als auch hinsichtlich der Akzeptanz ein wesentlicher Treiber der Energiewende. Infolge der Landschaftsbeeinträchtigung durch Windkraftanlagen gibt es zunehmend Widerstand gegen externe Investoren, sodass der weitere Ausbau von Windkraft im Binnenland entscheidend von der Einbeziehung lokaler Akteure (etwa in eine genossenschaftliche Organisationsform) abhängt.

Die Initiative zur Gründung geht von Privatpersonen, Solarvereinen und Kommunen aus. Meist geht es hier um kleinere Kommunen ohne Gemeinde- oder Stadtwerke. Häufig gibt es Kooperationen mit örtlichen Banken oder Stadtwerken in der Region.

Der DGRV ist Mitglied im Europäischen Dachverband der Energiegenossenschaften (REScoop), der 1500 europäische Genossenschaften mit einer Million Mitgliedern vertritt.

Durch die Novelle des Erneuerbare-Energien-Gesetzes (2017) und die Einführung von Ausschreibungen sowie die damit verbundenen hohen Risiken für Kleininvestoren in

---

10 Daten und Informationen in diesem Kasten basieren auf Wagner u. a. 2018.

Solar- und Windkraftanlagen wird befürchtet, dass die Entwicklung von Energiegenossenschaften zumindest stark gebremst wird oder sogar ein Verdrängungsprozess einsetzt. Ein förderliches Ausschreibungsdesign für echte »Bürgerenergiegenossenschaften« ist daher dringend geboten. Sehr bemerkenswert ist auch, dass bis zum Jahr 2012 (neuere Zahlen liegen nicht vor) etwa 46 Prozent der Investitionen in erneuerbare Energien durch private Haushalte und Landwirte erfolgte und nur zwölf Prozent durch etablierte Energieversorger. Wenn sich auch diese Proportion inzwischen etwa durch Investitionen in Offshorewindkraftparks wieder mehr zugunsten der Stromkonzerne verschoben hat, so wird dennoch deutlich, dass sich die Eigentümerstruktur beim Stromangebot durch erneuerbare Energien in Richtung Bürgerfinanzierung verschoben hat. Für die ländliche Entwicklung haben erneuerbare Energien und – leider bisher nur begrenzt – die Energieeffizienz einen erheblichen Schub in Gang gesetzt, der bei kluger Planung, Finanzierung und gutem Management einen wesentlichen Beitrag zur Revitalisierung ländlicher Regionen, zur regionalen Wertschöpfung und zur Dorf- und Kleinstadterneuerung beitragen kann. Mit Stand 10/2017 haben 154 »100ee-Regionen« (Gemeinden und Regionen) das Ziel, ihre Energieversorgung vollständig auf 100 Prozent erneuerbare Energien umzustellen. Die Zahl der bereits aktiv voranschreitenden 100ee-Regionen beträgt 93 und die der Starterregionen 58. Die 154 Regionen umfassen rund 25 Millionen Einwohner und erstrecken sich über eine Gesamtfläche von etwa 127.000 km² (Netzwerk der 100ee-Regionen 2017).

Bio-Energiedörfer: Entwicklungschancen für den ländlichen Raum

Die Fachagentur Nachwachsende Rohstoffe e.V. weist 147 Einträge für Bioenergiedörfer in Deutschland aus. Es handelt sich um eine (auch für andere Länder)[11] sehr interessante Sonderform der nachhaltigen Dorfentwicklung. Sie können Teil der 100-Prozent-ee-Bewegung sein. In Bioenergiedörfern wird ein erheblicher Teil des Strom- und Wärmebedarfs zumeist in Anlagen zur Kraft-Wärme-Kopplung hergestellt, die häufig im Besitz der örtlichen Wärmeabnehmer und von Landwirten sind und deren verwendete Biomasse nicht aus Maismonokulturen oder gentechnisch veränderten Pflanzen stammt.

---

11 Zum Beispiel sind dezentrale Energieaktivitäten – wie vielfältige Besuche von japanischen Expertengruppen zeigen – in ländlichen Regionen hochinteressant für Japan, weil dort die »Revitalisierung des Landes« (»Revitalizing rural areas«) aus Gründen der Resilienz und der Alterung der Gesellschaft von besonderer Bedeutung ist.

Ein herausragender regionaler Akteur ist die nicht börsennotierte Aktiengesellschaft »Solarcomplex«, die seit 2006 im Hegau/Bodensee in Kooperation mit Dörfern, lokalen Akteuren und Bürgerkapital unter anderem zwölf regenerative Wärmenetze auf Basis von Biogas-Bioheizkraftwerken, Abwärme und Solarwärme betreibt. Ein weiteres Dutzend ist in Planung. Angestrebt wird eine zu 100 Prozent regenerativ versorgte Region Hegau in Kooperation mit allen relevanten Stakeholdern der Region (vgl. Solarcomplex 2018).

All diese lokalen Energiewendeaktivitäten haben neben ihrer Treiberrolle für die nationale Energiewende einen enormen regionalwirtschaftlichen Effekt. Leider zeigt sich hier erneut ein Defizit der Energiepolitik des Bundes, denn diese wesentlichen Effekte werden weder systematisch erfasst noch ausreichend gefördert.

Es wird geschätzt, dass die kommunale Wertschöpfung durch erneuerbare Energien zwischen 2012 und 2030 von 11,1 Milliarden Euro auf 16,3 Milliarden Euro ansteigen wird. Kommunale Wertschöpfung entsteht durch kommunale Steuereinnahmen, Unternehmensgewinne, Pachteinnahmen sowie Vermeidung von regionalem Kaufkraftabfluss durch Energiekosteneinsparung und Beschäftigungseffekte. Je mehr Glieder der Wertschöpfungskette Planung/Initiierung, Anlagenproduktion, Errichtung und Betrieb/Wartung in der Region vorhanden sind, desto ausgeprägter sind die regionalen Kaufkrafteffekte (vgl. Hirschl u. a. 2010).

Rekommunalisierung

Laut Schätzungen von Experten sind deutschlandweit in den Jahren 2010 bis 2016 etwa 8.000 der insgesamt rund 14.000 Konzessionen im Strombereich ausgelaufen. In vielen davon betroffenen Kommunen wurde darüber diskutiert, ob mit der Neuvergabe der Konzession ein erster Schritt in Richtung (Re-)Kommunalisierung der Energieversorgung gegangen werden soll. Hieraus entwickelte sich eine regelrechte Stadtwerkegründungswelle. Begünstigt wurde diese Entwicklung von den niedrigen Zinsen für Kommunalkredite.

Allein im Zeitraum von 2005 bis 2016 wurden so 152 neue kommunale Energieversorgungsunternehmen gegründet, die mindestens im Stromgeschäft tätig sind. Bei den Stadtwerkeneugründungen lässt sich eine räumliche Konzentration im Bundesland Baden-Württemberg und hier vor allem in den drei

Regionen Schwarzwald, Großraum Stuttgart und Bodensee feststellen. Weiterhin existiert bei den Stadtwerkeneugründungen ein deutliches West-Ost-Gefälle.

Die meisten Kommunen und Gemeindeverbünde, in denen neue Stadtwerke gegründet worden sind, haben zwischen 10.000 und 50.000 Einwohner. In Kommunen mit über 50.000 Einwohnern fanden weniger Neugründungen statt, auch weil Mittelstädte dieser Größe häufig bereits eigene Stadtwerke besitzen.

»Bei der Unternehmensgründung spielen vor allem privatrechtliche Organisationsformen eine große Rolle. Die kommunalen Gebietskörperschaften können grundsätzlich zwischen allen Formen des Gesellschaftsrechts wählen. Da aber die Gemeindeordnungen vorschreiben, dass die Haftung der Gemeinde auf einen bestimmten Betrag begrenzt sein muss, kommen als privatrechtliche Formen wirtschaftlicher Unternehmen der kommunalen Gebietskörperschaften die OHG, KG, KGaA und der nichtrechtsfähige Verein nicht in Betracht« (Wagner u. a. 2018, S. 7).

Im Ergebnis nimmt die GmbH mit 80 Betrieben beziehungsweise 53 Prozent den größten Anteil ein. An zweiter Stelle steht mit 56 Unternehmen (37 Prozent) die GmbH & Co. KG. Eigenbetrieb und Kommunalunternehmen sind mit 16 Betrieben (rund zehn Prozent) eher eine Seltenheit.

Bei der Betrachtung der Eigentümerstruktur neuer Stadtwerke wurde berücksichtigt, ob es sich bei Partnerschaften um interkommunale oder um kommunal-private Kooperationen handelt. Solche Partnerschaften werden hauptsächlich deswegen eingegangen, um entweder die Finanzierung des neuen Unternehmens zu erleichtern und/oder um zusätzliches Know-how in das neue Unternehmen einzubinden.

Eine Auswertung nach Eigentümerstruktur in Abbildung 4 zeigt, dass die meisten neuen Unternehmen (in 89 Fällen) sich ganz oder überwiegend in kommunalen Händen befinden. Bei Beteiligungsmodellen werden oft Stadtwerke direkter Nachbarkommunen einbezogen und generell kommunale Partnerschaften bevorzugt.

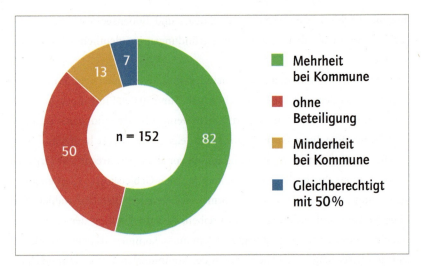

Abbildung 4: Eigentümerstruktur in neu gegründeten Stadtwerken (Wagner u. a. 2018, S. 8)

Diese Welle der Rekommunalisierung erfolgte, nachdem bei der Einführung der sogenannten Liberalisierung des Strommarkts in den 1990er-Jahren Städte wie Bremen, Hannover, Berlin, Hamburg, Düsseldorf, Kassel, Frankfurt, Leipzig ihre ehemaligen Stadtwerke oder Anteile daran veräußert hatten. Damals spottete der *Spiegel* zu Recht über den »Selbstmord aus Angst vor dem Tod« (vgl. Der Spiegel 1996). In Hamburg, Leipzig, Stuttgart, Bielefeld, Cottbus und einigen anderen Städten wurden inzwischen kommunale Rückkäufe von Netzen erfolgreich umgesetzt.

Weiterhin kann die deutsche Energiewende auf einer langen Tradition kommunaler Energieversorgung aufbauen. Im Verband kommunaler Unternehmen waren im Jahr 2018 1.458 Mitgliedsunternehmen organisiert. Davon sind nach Sparten 733 mit Strom, 646 mit Gas und 574 mit Wärme befasst (vgl. VKU 2018). In diesen Sparten wurden 2018 etwa 3,9 Milliarden Euro investiert, 91.671 MitarbeiterInnen waren beschäftigt, und es wurde ein Umsatz von 81,186 Milliarden Euro erzielt. Insofern besitzt Deutschland einen soliden kommunalen Unterbau für dezentrale Transformationsprozesse. Ein vergleichbares Potenzial gibt es nur in wenigen anderen Ländern Europas. Dennoch sind im CDEC, dem Europäischen Verband der lokalen und regionalen Energieunternehmen, rund 1500 Energieunternehmen aus zehn europäischen Ländern (Belgien, Bulgarien, Deutschland, Frankreich, Italien, Niederlande, Norwegen, Österreich, Schweden und der Schweiz) organisiert. Darüber hinaus hat vor allem Dänemark einen besonders eindrucksvollen Prozess der Dezentralisierung durchschritten.

Europas Energiebürger in 2050

Interessant ist das Gesamtpotenzial für die EU 28, das langfristig durch moderne Dezentralisierungsoptionen auf Basis erneuerbarer Energien erschlossen und in »Bürgerhand« betrieben werden könnte. Dieses Dezentralisierungspotenzial für »Energiebürger« (»Energy Citizens«) hat eine Studie der Universität Delft für das Jahr 2050 ermittelt (vgl. Kampman, Blommerde und Afman 2016). Als »Energiebürger« wurden dabei alle Individuen oder Haushalte, öffentlich gebundene sowie kleine und mittlere Unternehmen (KMUs) zusammengefasst, die individuell oder gemeinsam dezentral erneuerbaren Strom erzeugen oder sich an Flexibilisierungs- und Demand-Side-Management-Aktivitäten vor Ort durch den steuerbaren Einsatz von Batterien, E-Mobilität oder E-Heizkessel/Wärmepumpen beteiligen können. Die Zahlen sind frappierend und verweisen auf einen denkbaren revolutionären Prozess der technischen Dezentralisierung und damit der Revergesellschaftung in Europa. Insgesamt wird für die EU 28 im Jahr 2050 eine dezentralisierte Stromerzeugung von über 900 TWh aus Windkraft und von mehr als 600 TWh durch Photovoltaik geschätzt. Deutsche und Franzosen werden laut dieser Studie die Hauptproduzenten sein (vgl. Abbildung 5), gefolgt von Briten, Spaniern, Italienern, Schweden und Polen. Diese Stromerzeugung durch »Energy Citizens« würde in mehr als 150 Millionen Solaranlagen und über 10.000 Windkraftanlagen erfolgen.

Gestützt auf diese Studie, vermittelt die folgende Abbildung einen guten Überblick über das Potenzial möglicher »Energy Citizens« in 2050.

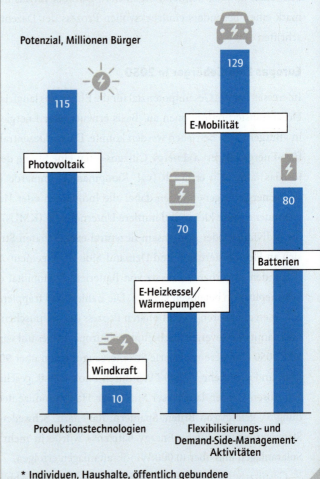

Abbildung 5: Vom Konsumieren zum Mitmachen – Das Potenzial für 2050 (Heinrich Böll Stiftung u. a. 2018: 16). Grafik: Bartz/StockmaR (M), CC BY 4.0

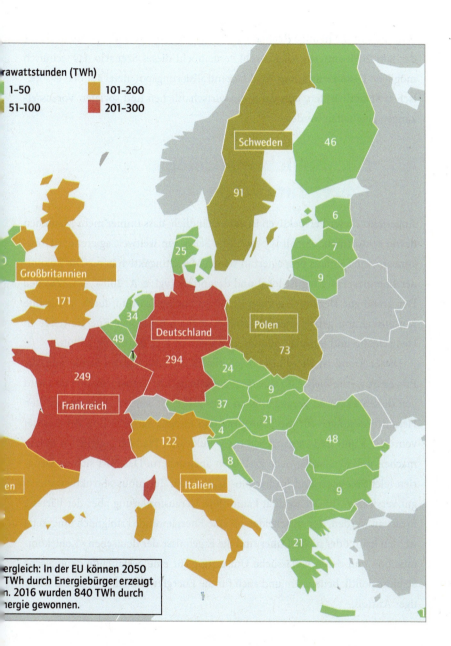

Natürlich ist die heutige Realität in der EU noch weit von dieser Prognose für das Jahr 2050 entfernt. Gleichwohl verdeutlicht dieses Szenario das technisch mögliche Dekonzentrations- und Dezentralisierungspotenzial auf den europäischen Strommärkten, falls dafür die wirtschaftlichen und sozialen Voraussetzungen geschaffen werden.

4.7 Die »Kohlekommission«: Lehren für Europa

Angesichts dieser Perspektiven ist es verständlich, dass immer mehr Menschen davon schwärmen: »Small is beautiful.« Selbst ein weltweit agierender Großkonzern wie Siemens propagiert in seinen Marketingaktivitäten: »Die Zukunft der Energieversorgung ist lokal und dezentral« (vgl. o. A. 2018). Kein Zweifel: Der Trend zur Dezentralisierung ist ein technologisch und durch fulminante Kostensenkung getriebener Megatrend, nicht nur bei der Energiewende in Deutschland und Europa, sondern auch weltweit (vgl. Nationalgrid 2016).

Dieser Trend ist allerdings eingebettet in die bestehenden Strukturen, die Prozesse und die Zielvision einer sozial-ökologischen Transformation und wird von diesen Faktoren vorangetrieben oder gebremst werden. Eine der größten Herausforderungen für die Transformation besteht darin, sich in der Realität vom Status quo und vergangenen fossil-nuklearen Pfadabhängigkeiten freizumachen und eine völlig neue Zielvision anzusteuern. Das lässt sich in Szenarien leicht rechnen und im harmlos klingenden Terminus »Strukturwandel« gut verstecken. In der Realität kann diese Herausforderung aber der härteste Prüfstein werden, der entscheidet, ob eine Energiewende erfolgreich umgesetzt werden kann oder nicht. Daher sind die Ergebnisse der deutschen »Kohlekommission« und deren verlässliche Umsetzung für eine gestaltende ökologische Strukturpolitik bedeutsam und auch für die Energiewende in Europa ein wichtiger Anstoß.

Es dauerte fast zwei Jahrzehnte, bis der hart umkämpfte Ausstieg aus der Atomenergie in Deutschland vom forcierten Einstieg in die erneuerbare Stromerzeugung flankiert und so letztlich erst möglich gemacht wurde. Mit dem jetzt anstehenden Kohleausstieg steht die eigentliche Herausforderung, der Einstieg in ein komplett dekarbonisierter Energie- und Gesellschaftssystem, auf der Tagesordnung. Wir können hier nur auf die Befreiung von den Pfadabhängigkeiten des alten fossil-nuklearen Stromsektors eingehen, weil erst erneuerbarer Strom – neben der Energieeffizienz – eine zentrale Voraussetzung für die Dekarbonisierung des Gebäude- und Verkehrssektors schafft. Für Deutschland und auch für andere Kohleländer in Europa ist daher ein sozialverträglich gestalteter Kohleausstieg – neben dem Kernenergieausstieg – das Herzstück der Transformation des Stromsektors.

Zentral für den Erfolg ist dabei neben einem weitsichtigeren und integrierteren Politikstil eine innovative sozial-ökologische Governance der Transformation gerade auch auf regionaler Ebene. Das klingt abstrakt, aber es gibt dafür ein konkretes und aktuelles Beispiel: Die deutsche »Kohlekommission« ist nach Auftrag, Format, Zusammensetzung und Ergebnis nicht nur ein Beleg für die Notwendigkeit dieses neuen Typus von Governance, sondern sie hat auch zahlreiche Hinweise und Empfehlungen für dessen regionale Implementierung zusammengetragen. Mit anderen Worten ergibt sich hier die interessante Frage: Ist die deutsche »Kohlekommission« ein Startmodell für einen gestalteten sozial-ökologischen Strukturwandel? Die Antwort ist ein bedingtes Ja! Sie kann als innovativer Einstieg gewertet werden, wenn weitere Schritte folgen und über viele Jahre konsequent umgesetzt werden.

Am 26.1.2019 hat die von der deutschen Bundesregierung eingesetzte Kommission »Wachstum, Strukturwandel und Beschäftigung« (kurz: »Kohlekommission«) ihren mit Spannung erwarteten Abschlussbericht vorgelegt. Die öffentliche Aufmerksamkeit galt verständlicherweise zunächst der Frage, ob die pluralistisch zusammengesetzte Kommission (insgesamt 31 Mitglieder) sich im Konsens auf ein Datum für den kompletten Ausstieg aus der Braun- und

Steinkohle-Verstromung verständigen konnte. Nach neun Sitzungen innerhalb eines halben Jahres empfahl die Kommission schließlich »Ende des Jahres 2038« als Deadline für die Kohleverstromung. Dieser Termin liegt früher, als die Konzerne geplant haben. Bei optimistischen Annahmen dürfte er kompatibel mit der Erreichung des regierungsoffiziellen CO_2-Minderungsziels in der Energiewirtschaft sein (Absenkung der CO_2-Emissionen bis 2030 um etwa 60 Prozent gegenüber 1990, das heißt auf 175 bis 193 Millionen Tonnen), aber angesichts der deutschen Ambitionen für ausreichenden globalen Klimaschutz ist das deutlich zu wenig. Für die Erreichung der Ziele sind »umfassende Überprüfungen« in den Jahren 2026 und 2029 vorgesehen. Über einen Ausstieg »frühestens 2035« soll 2032 diskutiert werden.

Trotz dieser Relativierung des Ausstiegsdatums bleibt festzuhalten: Wenn die Empfehlung der Kommission in verbindliche Gesetzgebung (ein Staatsvertrag über Legislaturperioden hinaus) übernommen und umgesetzt wird, könnte Deutschland das erste große Industrieland der Welt sein, das einen geordneten Ausstieg sowohl aus der Atomenergie als auch aus der Kohleverstromung vollzieht. Rund 50 Prozent der heute verfügbaren gesicherten Kraftwerksleistung wird dann in knapp 20 Jahren vom Netz gehen. Offen bleibt beim Kommissionsergebnis leider die Frage, wie viel (fossile) Gaskraftwerke noch gebraucht werden und wann auch sie in einem vollständig dekarbonisierten Energiesektor keinen Platz mehr haben. Indirekt bedeutet diese ambitionierte doppelte Ausstiegsstrategie, alles zu unternehmen, damit das offizielle Ausbauziel von 65 Prozent erneuerbarer Stromerzeugung in 2030 auch tatsächlich erreicht und dann ambitioniert bis auf 100 Prozent weitergeführt wird. Und das ist nur möglich in Verbindung mit einer veritablen Effizienzrevolution – ein Strategieaspekt, der leider auch von dieser Kommission vernachlässigt wurde.

Gleichwohl stellt sich die Frage, ob aus den vorliegenden Empfehlungen der Kommission neue Konzepte, institutionelle Innovationen, vorbildliche Maßnahmen und Projekte zur Umsetzung einer sozial-ökologischen Transformation abgeleitet werden können, die in Europa, aber auch global eine

Signalwirkung entfalten könnten. Der Anteil der Kohleverstromung (2017) am Stromverbrauch liegt in Deutschland bei 40 Prozent, in Rumänien beträgt er 45 Prozent, in Griechenland 46 Prozent, in Tschechien 54 Prozent und in Polen 81 Prozent. Wenn Europa langfristig dekarbonisiert werden soll, bedarf es weiterer »Kohlekommissionen« in den Mitgliedsländern, die für den jeweils anstehenden nationalen Transformationsprozess Impulse setzen können. Die folgenden Faktoren sprechen dafür, dass europaweit industriepolitische Lerneffekte von der deutschen »Kohlekommission« ausgehen können:

1. Die Kommission hat für die vier betroffenen Regionen (Lausitzer, Helmstedter, mitteldeutsches und rheinisches Revier) und das Saarland auf rund 200 Seiten Projektvorschläge zur Strukturentwicklung zusammengetragen, allein für das Rheinland 157 Maßnahmen und Projekte, darunter 123 »Sofortmaßnahmen« (ab 2021). Eine solche umfangreiche Bestandsaufnahme und Ideensammlung für den (regionalen) Strukturwandel hat es bisher nicht gegeben.
2. Die konkrete Betroffenheit von einerseits 60.000 Beschäftigten (davon 20.000 direkt im Braunkohlebergbau) und von andererseits 45.000 bereits umgesiedelten beziehungsweise von möglicherweise weiteren Tausenden durch Umsiedlung betroffenen Menschen wird als klare Verpflichtung für eine sozialverträgliche Transformation von allen Kommissionsmitgliedern anerkannt. Hinzu kommen bundesweit die noch 5.700 Beschäftigten in Steinkohlekraftwerken.
3. Damit werden auch der durch Klimaschutz und Energiewende staatlich beschleunigte Strukturwandel anerkannt und die daraus resultierende gesamtgesellschaftliche Verantwortung ausdrücklich eingefordert: »Die Beendigung der Kohleverstromung […] ist eine gesamtgesellschaftliche Aufgabe, da die Grundlagen für diese Entscheidung in ökologischer und ökonomischer Hinsicht gesamtgesellschaftlich begründet sind« (Kommission »Wachstum, Strukturwandel und Beschäftigung« 2019, S. 111).
4. Fasst man die Vielzahl der Vorschläge der Kommission zusammen, so werden Konturen einer neuen (regionalisierten) sozial-ökologischen Industrie- und

Dienstleistungspolitik erkennbar. Sowohl im notwendigen Zusammenwirken aller politischen Ebenen (Bund, Länder, Regionen, Kommunen) als auch durch Partizipation der Stakeholder (Politik, Wirtschaft, Gewerkschaften, NGOs) sowie durch institutionelle Innovationen zur Steuerung und Koordinierung der Prozesse zeichnet sich eine neue Governance der sozial-ökologischen Transformation ab.

5. Ob allerdings aus der Vielzahl der marketingtauglichen Überschriften (etwa »Energierevier der Zukunft«, »Modellstandorte«, »klimawandelresistente Bergbaufolgelandschaften«, »Reallabore«, »internationale Bau- und Technologieausstellung«, »Zukunftsfeld Raum und Infrastruktur«, »Diversifizierung der Industrielandschaft«, »Innovation Valley Rheinland«, »Campus changeneering«) ein konsistentes Leitbild sowie dauerhaft stabile, kohärente und sozial-ökologisch orientierte Transformationsstrategien entwickelt werden können, wird erst noch bei den vorgesehenen Evaluierungen gezeigt werden müssen.

6. Insbesondere wird die Umsetzung der institutionellen Verankerung – neben der Kontinuität und dem Volumen der staatlichen Förderung – ein entscheidender Erfolgsfaktor für die angestrebte Transformation werden. Dass es dabei noch vieler Anstrengungen bedarf, kommt in den folgenden Statements zum Ausdruck: »Für die praktische Umsetzung bedarf es eines konkreten Finanzierungsrahmens und -prozesses sowie einer sinnvollen Zusammenführung der Vielzahl von vorgeschlagenen Maßnahmen in einem Gesamtkonzept« (ebd., S. 117). Eine zentrale Frage ist dabei, wer die Prozess- und Steuerungsverantwortung für die Umsetzung des Gesamtkonzepts der jeweiligen regionalen Transformationsprozesse innehaben soll.

7. Dabei ist der folgende Hinweis grundlegend: »Die Akteure in den betroffenen Regionen werden die Strukturentwicklung vor Ort entscheidend prägen. Hierzu bedarf es einer Trägerinstitution, die das Vertrauen der Beteiligten genießt, mit den Gegebenheiten vor Ort vertraut ist, einen effektiven Mitteleinsatz gewährleistet und als Institution den politischen Willen verkörpert,

den Regionen durch eine erfolgreiche Strukturentwicklung neue Chancen zu eröffnen. Der Träger sollte für die Dauer der Aufgabe, d. h. für *Jahrzehnte* [Hervorhebung der Verfasser], Bestand haben [...] Die umgehende Errichtung einer solchen Einrichtung, soweit sie in den Revieren nicht schon tätig ist (z. B. Zukunftsagentur Rheinisches Revier), ist Ausdruck einer vorausschauenden, nachhaltigen Strukturpolitik für die Reviere und eine wesentliche Bedingung für das Gelingen des Strukturwandels« (ebd., S. 119). Die Einrichtung von Aufsichtsgremien »unter der Beteiligung von Politik, Wirtschaft, Gewerkschaften, Wissenschaft und Zivilgesellschaft« (ebd.) sind dabei für die Akzeptanz und Transparenz der auch schmerzhaften Veränderungsprozesse für die Menschen vor Ort entscheidend. Es ist zu prüfen, ob und inwieweit Wirtschafts- und Sozialräte (»Räte sozial-ökologischer Transformation«, siehe 6.1.8) hierbei eine Rolle spielen können.

8. Zum Ausgleich eines möglichen Strompreisanstiegs empfiehlt die Kommission eine Reduzierung der Übertragungsnetzentgelte und gegebenenfalls deren Kompensation aus Steuermitteln. Darüber hinaus haben die Gewerkschaften eine Vielzahl von verbindlichen Regelungen für die betroffenen Beschäftigten in die Empfehlungen eingebracht, etwa zur Sicherung einer qualifizierten Arbeit durch Vermittlung und Ausgleich von Lohneinbußen, Aus- und Weiterbildung, zur Abfederung finanzieller Einbußen oder für einen früheren Eintritt in den Ruhestand und Brücken zum APG (Anpassungsgeld im Steinkohlebergbau), Ausgleich von Rentenabschlägen oder für den sonstigen Eintritt in den Ruhestand (ebd., S. 112). All dies wird erhebliche öffentliche Mittel erfordern, deren Höhe aber noch nicht beziffert ist.

9. Als Grundvoraussetzung für einen gelingenden Strukturwandel sieht die Kommission insofern ein »[...] eigenständiges, fortschreibungsfähiges und evaluierbares regionales Entwicklungskonzept« (ebd., S. 83). Diese Aufgabe ist komplex, weil es bundesweit »[...] auch an Steinkohlekraftwerksstandorten zu schwierigen Anpassungsprozessen kommen« wird (ebd., S. 92).

Anspruchsvoll ist diese Aufgabe vor allem auch deshalb, weil der Transformationsprozess »tief in die Wertschöpfungsstrukturen der deutschen Wirtschaft« eingreift. Eine komplexe Rückwirkung betrifft auch den europäischen Emissionshandel, weil eine Stilllegung von Emissionsrechten erforderlich wird, damit keine Verlagerung von Emissionen aufgrund des europaweit feststehenden CO_2-Budgets stattfindet.

10. Hinsichtlich konkreter Aussagen zur Finanzierung lässt sich im Ergebnisbericht Folgendes lesen: »Strukturentwicklung benötigt Planungssicherheit und eine auskömmliche, verbindliche und überjährige Finanzierung. Im Bundeshaushalt sind für die Legislaturperiode zusätzlich 1,5 Milliarden Euro als prioritäre Ausgaben der Strukturpolitik vorgesehen, diese betrachtet die Kommission allenfalls als einen ersten Schritt. In einem zweiten Schritt muss ein langfristiges Strukturentwicklungsbudget dauerhaft festgelegt werden« (ebd., S. 95). So sollen die vom Kohleausstieg betroffenen Bundesländer Nordrhein-Westfalen, Brandenburg, Sachsen und Sachsen-Anhalt über einen Zeitraum von 20 Jahren jährlich 1,3 Milliarden Euro zusätzliches Budget für aus dem Bundeshaushalt zu finanzierende Einzelprojekte und weitere 700 Millionen Euro für die Absicherung mittel- und langfristiger Strukturpolitik erhalten (ebd., S. 104). 40 Mrd. Euro, proportional verteilt auf vier Bundesländer, wären jeweils 10 Mrd. Euro, das heißt, verteilt auf 20 Jahre, 500 Mio. Euro pro Jahr und Bundesland.

Der Abschlussbericht der »Kohlekommission« ist hinsichtlich seiner Aussagen zum gestalteten Strukturwandel als ein Meilenstein zu bewerten: Der Bericht bricht zu Recht mit der Ideologie reiner Marktsteuerung und könnte dazu beitragen, einen zukunftsfähigen neuen Typ einer sozial-ökologischen regionalen Industrie- und Dienstleistungspolitik zu begründen. Aber in Hinblick auf seinen Vorbildcharakter für eine »Just Transition« in Europa hat der Bericht Schwächen, und seine Implementierung steht erst ganz am Anfang:

1. Die europäische Energiewende und die auch in anderen Mitgliedsländern notwendige Ausstiegsstrategie aus der Kohle kommen in dem Bericht nicht

vor. Im Fokus steht die Frage, was Europa für den deutschen Kohleausstieg tun kann und soll. Welche Rolle der deutsche Kohleausstieg für die europäische Energiewende spielen könnte, ist (noch) kein Thema. Nur an einer Stelle wird auf die Forderung des Europäischen Parlaments vom 14.11.2018 verwiesen, 4,8 Milliarden Euro für einen neuen »Fonds für eine faire Energiewende« bereitzustellen (vgl. Kommission »Wachstum, Strukturwandel und Beschäftigung« 2019, S. 117). Gerade mit Polen als Nachbarland wären eine gemeinsame Plattform beziehungsweise ein Dialog zum Thema »Ökologischer Strukturwandel und Beschäftigung« und eine europäische Unterstützung aus dem genannten Fonds von zentraler Bedeutung für eine Europäisierung der Energiewende.

2. Zwar enthält der Bericht wichtige Grundsätze für eine Strukturentwicklungsstrategie (ebd., S. 93 ff.) und einige plausible Kriterien für die Auswahl der Projekte wie etwa »Ökologische und soziale Nachhaltigkeit« (ebd., S. 96). Aber eine kohärente Gesamtstrategie, deren Leitziele und deren Bewertungsindikatoren müssen noch entwickelt werden. So fehlt beispielsweise noch eine Nettobilanz, welchen Rückgang von CO_2-Emissionen der Kohleausstieg bewirkt und wie viele neue CO_2-Emissionen die alternativen Entwicklungspfade mit sich bringen, etwa auch durch den von der Kommission geforderten Bau neuer Gaskraftwerke. Hier stellt sich die Frage, wie viele neue Gaskraftwerke wirklich nötig sind und inwiefern hier neue fossile Abhängigkeiten vorprogrammiert werden.

3. Darüber hinaus ist viel von Nachhaltigkeit bei Mobilität, Digitalisierung und Infrastrukturausbau die Rede. Aber ein nachhaltiges Gesamtleitbild fehlt. Strategische Bausteine der Transformation wie Energie- und Ressourceneffizienzpolitik, Circular Economy, Strategien der energetischen Gebäudesanierung, Beiträge einer ressourcenleichten Kreativwirtschaft, neue nachhaltigere Produktionsformen durch soziales Unternehmertum oder Sharing Economy (vgl. Rasch et al. 2018) werden – wenn überhaupt – nur am Rande erwähnt.

4. Ein genereller, aber gemäß Auftrag unvermeidlicher Mangel des Kommissionsberichts ist, dass er weder ein konkretes Mengengerüst für den Kohleausstieg noch einen konkreten Abschaltplan für die Kohlekraftwerke enthält. So ist es denkbar, dass reduzierte Produktion durch Abschalten eines Kraftwerks durch Mehrproduktion in laufenden Kraftwerken überkompensiert wird. Die Gefahr besteht vor allem nach 2022, wenn alle Atomkraftwerke vom Netz gehen.
5. Auch das Zusammenspiel mit den CO_2-Reduktionsstrategien für Verkehrs- und Gebäudesektor bleibt offen. Da die Dekarbonisierung dieser Sektoren – neben einer massiven Steigerung der Energieeffizienz – auch auf dem massiven Einsatz von E-Mobilität (Verkehr) und elektrischen Wärmepumpen (Gebäude) beruhen wird, gibt es eine wesentliche Rückwirkung auf den Ausbau der notwendigen Stromerzeugungskapazitäten.
6. Die Kommission betrachtet gemäß ihrem Auftrag nur die Konsequenzen eines Kohlausstiegs für den Strukturwandel und die Beschäftigung. Es ist aber zwingend notwendig, den analytischen Fokus auszudehnen und die Implikationen des anstehenden weit komplexeren staatlich forcierten Strukturwandels schon jetzt im Auge zu behalten. Was bedeutet es für die Branchenstruktur, wenn der Energiemarkt in 2050 halbiert und generell der stoffliche Durchfluss durch Produktion und Konsum ressourcenleichter, zirkulärer und erneuerbarer gestaltet werden muss? Allein schon die Konsequenzen des Strukturwandels durch E-Mobilität im Automobilsektor werden zu einer Kernfrage werden.
7. Weiterhin besteht das Problem, dass regionale Transformationsprozesse nicht nur national und international hochskaliert, sondern vor allem auch beschleunigt werden müssen. Beim Klimaschutz ist Zeit inzwischen zum knappsten Faktor geworden. Insofern muss der internationale Wissensaustausch in Europa und weltweit institutionalisiert werden. Es gilt also, Erfahrungen mit der Gestaltung von Prozessen des Strukturwandels durch ein Screening von »Guten Beispielen« voranzutreiben, die über das Internet

weltweit verfügbar gemacht und zweijährig aktualisiert werden müssen. Ein solcher Informationshub »Gute Transformationsbeispiele« kann den global notwendigen Wissenstransfer enorm beschleunigen. Entscheidend ist dabei, dass das Konzept einer sozial-ökologischen Governance mit konkretem Inhalt gefüllt wird. Das Zusammenspiel aus institutionellen Innovationen (»Trägerorganisation«), Regelung der Prozessverantwortung und -steuerung, Finanzierung (»sozial-ökologische Transformationsfonds«), wissenschaftlicher Begleitung, Öffentlichkeitsbeteiligung und transparenter Evaluierung ist dabei essenziell. Szenariengestützte Stakeholder-Dialoge haben sich zum Beispiel bei der partizipativen Erstellung des Klimaschutzplans in NRW als besonders hilfreich erwiesen (vgl. Schepelmann 2018).

8. Nicht zuletzt ist eine Kommunikationsstrategie notwendig. Denn eine sozial-ökologische Transformation ist industriepolitisches Neuland und bewegt sich in Deutschland wie auch in Europa auf dem ideologisch verminten Gelände von scheinbarer Neo-»Liberalität«. Mit Sicherheit werden die Propheten der sogenannten freien Marktwirtschaft erneut das Hohelied der Selbststeuerungskräfte des Marktes anstimmen. Und auch eine gut durchdachte sozial-ökologische Transformationsstrategie wird mit der üblichen Standardkritik (»Dirigismus, Planwirtschaft, Bürokratie etc.)« konfrontiert werden. Hier ist vorausschauende Information wichtig. Auch ein auf Fakten basierender Dialog und eine transparente Evaluation von Chancen, Hemmnissen und Ergebnissen mit Öffentlichkeitsbeteiligung ist notwendig.

4.8 Hilft »der Markt« beim Kohleausstieg?

Wer industriepolitisches Neuland betritt, sollte sich fragen, ob und gegebenenfalls wie Fundamentaldaten der Marktentwicklung Transformationsprozesse unterstützen und beschleunigen oder auch hemmen. Die Antwort für den Kohleausstieg durch die Carbon Tracker Initiative ist eindeutig: Der Strommarkt wird den Ausstieg beschleunigen! (Vgl. Carbon Tracker Initiative 2018)

Noch ist die EU weltweit der viertgrößte Kohlestromproduzent, allen voran Deutschland und Polen. Aber sechs EU-Mitgliedsländer haben bereits – nicht nur wegen des Klimaschutzes – relativ frühe Ausstiegsdaten festgelegt:
- Frankreich: 2022
- Dänemark: 2025
- UK: 2025
- Niederlande: 2030
- Portugal: 2030
- Spanien: 2030

Belgien nutzt seit 2016 keine Kohlekraftwerke mehr, und Deutschland strebt auf Empfehlung der Kohlekommission den Ausstieg bis 2038 an.

Carbon Tracker schätzt, dass zur Einhaltung des Zwei-Grad-Ziels »one coal unit will need to close every day, or 100 GW every year, until 2040« (ebd., S. 13). Diese Zahlen erscheinen alarmierend, wenn man bedenkt, dass zwischen 2010 und 2018 lediglich 30 Gigawatt stillgelegt wurden. Kann ambitionierte Industriepolitik einen solchen massiven Strukturwandel tatsächlich in Gang setzen, oder ist der Kampf gegen den Klimawandel allein schon an der »Kohlefront« gescheitert? Auf der Basis der größten Datenbank, die 95 Prozent der weltweiten Kohlekraftwerkskapazität erfasst, gibt Carbon Tracker eine verblüffende Antwort: Nein, wenn man die ökonomischen Basisdaten heranzieht! Denn drei zentrale Einflussfaktoren machen Kohlekraftwerke für Investoren und Betreiber teilweise schon heute, aber erst recht in naher Zukunft auf liberalisierten Strommärkten zu einem ökonomischen Hochrisiko: »With or without climate policy coal power is increasingly a high-cost option« (ebd., S. 8). Die entscheidenden drei Faktoren, die die Profitablität von Kohlestrom bestimmen, sind dabei die fulminant sinkenden Kosten von Strom aus Photovoltaik (PV) und Wind, die schärfere Regulierung der Luftverschmutzung und die Bepreisung von CO_2-Emissionen. Die Diagnose im Hinblick auf die »Todesspirale für Kohleverstromung« lautet daher bei Carbon Tracker: 42 Prozent der derzeitigen Kohlekraftwerke operieren bereits heute (2018) unprofitabel, und 2040 werden es 72 Prozent sein. Zum Beleg dieser These werden drei (zeitliche) Wendepunkte identifiziert und quantitativ berechnet:

a) wenn neue Anlagen für PV- und Windstrom weniger Kosten verursachen als neue Kohlekraftwerke; dies soll spätestens 2025 weltweit der Fall sein.

b) wenn Strom aus erneuerbaren Energien und Gas sogar billiger ist als die Betriebskosten bestehender Kraftwerke; dies träfe laut Carbon Tracker bereits im Jahr 2030 weltweit auf fast alle Kohlekraftwerke zu.

c) wenn die versorgungssichere Bereitstellung von Ökostrom (inklusive Speicher und andere Flexibilitätsoptionen) preiswerter ist als der Betrieb bestehender Kraftwerke. Die Kostenberechnungen für den Fall c sind hochkomplex und können erst in einem zweiten Schritt miteinbezogen werden. Dies relativiert die Ergebnisse von Carbon Tracker zum jetzigen Zeitpunkt, macht sie aber nicht irrelevant.

Mit der genannten Einschränkung wird für Gesamteuropa errechnet, dass bereits 2018 für 20 Prozent der Kohlekraftwerke im Bau oder im Betrieb die langfristigen Kosten höher sind als die Stromkosten aus erneuerbaren Energien. Im Jahr 2030 würde dies auf alle europäischen Kraftwerke zutreffen. Im Kern bedeutet das: Aus ökonomischen Gründen müssten bis 2030 sämtliche europäischen Kohlekraftwerke stillgelegt werden!

Das ist starker Tobak, vor allem auch für RWE, Europas größten Kohleverstromer. Carbon Tracker hat weltweit für fünf Länder und die EU für die jeweils drei größten Unternehmen die ökonomische Situation der Kohleverstromung untersucht. Ergebnis: Die Durchschnittsprofitabilität liegt bei RWE schon heute nahe bei null und würde bis 2030 deutlich in den negativen Bereich absinken (ebd., S. 27).

Die Relevanz dieser Analyse für den Kohleausstieg in Europa liegt auf der Hand. Auch wenn die Zahlen auf vielen Annahmen basieren und einer weiteren Differenzierung bedürfen, so scheint sich doch ein Trend abzuzeichnen: Alle Länder Europas und alle Unternehmen mit hohem Anteil an Kohleverstromung sollten sich weit strategischer als bisher auf einen gestalteten Ausstieg aus der

Kohle einstellen und neue Geschäftsfelder entwickeln, ehe die Kostenrelationen auf den Strommärkten dies erzwingen. Darüber hinaus könnte sich das von der Kohlekommission empfohlene späte Ausstiegsjahr 2038 für die deutsche Kohleverstromung als vorteilhaft erweisen: Entschädigungszahlungen entfallen offenbar, wenn ein Unternehmen nicht durch staatliche Eingriffe, sondern durch den Markt vorzeitig zur Stilllegung seine Kohlekraftwerke gezwungen wird – laut Carbon Tracker wäre das bereits 2030.

Zumindest was die Kohle angeht, scheint es also möglich, die deutsche Vision (1985) einer Energiewende mit »Wachstum und Wohlstand ohne Kohle und Uran« auf Europa zu übertragen. Aber verhindert nicht schon die enorme Vielfalt der Ausgangsbedingungen in 28 Mitgliedsländern eine EU-weite Energiewende? Und mit welchen Strategien kann Brüssel die noch stark differierenden nationalen Interessen für eine gemeinsame Energiewendevision bündeln und ermutigen? Das sind Kernfragen, die in den nachfolgenden Kapiteln beantworten werden sollen.

5. Die europäische Energie- und Klimapolitik verstehen

5.1 Status quo des EU-Energiesystems

5.1.1 Energieverbrauch und Energieerzeugung

2016 produzierte die EU 46 Prozent ihrer benötigten Energie selbst, während 54 Prozent aus Ländern außerhalb der EU importiert werden mussten (vgl. hier und im Folgenden Europäische Kommission 2018; Eurostat 2018). Fakt ist heute eine enorme Importabhängigkeit der EU vor allem im Hinblick auf Öl und Erdgas. Und wenn weiter »Business as usual« betrieben wird, wird sich daran auch nichts ändern.

Der Energieverbrauch (»Energiemix«) in der EU basierte 2016 auf fünf Hauptquellen: Rohöl und Mineralölerzeugnisse (35 Prozent), Gas (23 Prozent), feste Brennstoffe wie Kohle (15 Prozent), Atomenergie (13 Prozent), erneuerbare Energien (13 Prozent). Der Anteil der verwendeten Energieressourcen variiert jedoch zum Teil stark zwischen den einzelnen Mitgliedsstaaten. Rohöl und Mineralölerzeugnisse kommen in signifikanter Menge in Zypern (93 Prozent), Malta (79 Prozent) und Luxemburg (63 Prozent) zum Einsatz, während Gas etwa ein Drittel des Energiemix in Italien, den Niederlanden und Großbritannien ausmacht. In Estland wird über die Hälfte (61 Prozent), in Polen knapp die Hälfte (49 Prozent) der benötigten Energie aus festen Brennstoffen, vor allem Kohle, verwendet, während Atomenergie sowohl in Frankreich (42 Prozent) wie auch in Schweden (33 Prozent) relativ stark genutzt wird. Gleichzeitig ist in Schweden auch der Anteil an erneuerbaren Energien mit 37 Prozent verhältnismäßig hoch, ebenso wie in Lettland.

Der gesamte deutsche Primärenergieverbrauch war zwischen 2001 und 2017 weitgehend konstant. Mit einem Anteil von Öl (34,6 Prozent), Erdgas (23,7 Prozent), Stein- und Braunkohle (22 Prozent), Kernenergie (6,1 Prozent) und Erneuerbaren (13,2 Prozent) hat sich die Struktur 2017 im Vergleich zu 2011 nicht grundlegend verändert: Innerhalb dieses Zeitraums hat der Anteil der erneuerbaren Energien (2011: 10,8 Prozent) etwas zugenommen, während etwas weniger Kernenergie zum Einsatz kam (8,7 Prozent). Es gab marginale Anteilsverschiebungen zwischen Kohle (24,1 Prozent), Erdgas (21,4 Prozent) und Öl (33,3 Prozent). Auch dies macht deutlich, dass Deutschland in der Realität noch die volle »zweite Halbzeit« der Energiewende vor sich hat (vgl. BMWi 2018a).

Bei der eigenen Energieerzeugung der Mitgliedsstaaten zeigt sich ein ebenso uneinheitliches Bild wie beim Energiemix: Mit 29 Prozent der EU-Energieerzeugung ist Atomenergie die hauptsächliche Energiequelle, gefolgt von den erneuerbaren Energien mit 28 Prozent, festen Brennstoffen (17 Prozent), Gas (14 Prozent) und Rohöl (10 Prozent).

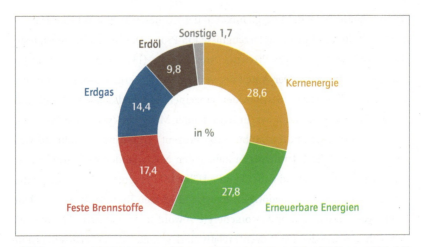

Abbildung 6: Anteil der EU-Energieproduktion nach Energieträgern im Jahr 2016 (Eurostat 2018, S. 7)

In einigen europäischen Ländern liegt der Anteil der Atomenergie deutlich über dem Durchschnitt: Frankreich 80 Prozent, Belgien 75 Prozent, Slowakei 61 Prozent. Gemessen an der gesamten Energieproduktion des jeweiligen Staates, bilden erneuerbare Energien in Malta, Lettland, Portugal, Zypern und Litauen mit über 90 Prozent den Schwerpunkt der Energieerzeugung, während feste Brennstoffe/Kohle in Polen (78 Prozent), Estland (67 Prozent), Griechenland (59 Prozent) und Tschechien (59 Prozent) die größte Rolle spielen. In den Niederlanden ist Gas mit 83 Prozent die Hauptquelle der Energieerzeugung, während Rohöl in Dänemark (47 Prozent) und Großbritannien (41 Prozent) noch eine bedeutende Rolle spielt.

Fakt ist also zweitens, dass die eigene europäische Energieproduktion noch fast zu einem Drittel auf Atomenergie basiert. Man stelle sich einmal vor, in Europa würden Importprobleme bei Öl und Erdgas mit einem unfallbedingten (Teil-)Ausfall der Atomstromproduktion zusammenfallen. Dies wäre ein kontinentaler Super-GAU unvorstellbaren Ausmaßes, weshalb auch schon aus Gründen der Versorgungssicherheit die Beschleunigung der europäischen Energiewende keinen Aufschub erlaubt.

5.1.2 Struktur des Energieverbrauchs und seine Aussagekraft

Zwei Drittel der verfügbaren Energie in der EU werden von Endverbrauchern verwertet, das heißt von Haushalten, der Industrie, dem Transport- und Verkehrssektor, dem Dienstleistungssektor und der Land- und Forstwirtschaft. Die Differenz zwischen Produktion und Verbrauch, also etwa ein Drittel, geht während der Stromerzeugung verloren.

Insofern ist es für die Interpretation von Energiedaten wichtig, zumindest zwischen primärer und sekundärer Energie zu unterscheiden; also ob Energie unmittelbar aus natürlichen Ressourcen genutzt wird (Primärenergie) oder ob Energie aus einem Transformationsprozess bezogen wird (Sekundärenergie). Hinzu kommt ein bisher wenig beachteter Effekt: Die Sekundärenergie, die nach Transport- und Umwandlungsverlusten beim Endverbraucher am Haus (zum Beispiel Heizöl) oder an der Steckdose (Strom) ankommt, heißt »Endenergie«.

Erst nach weiteren Umwandlungsverlusten, etwa durch mehr oder weniger effiziente Heizungs- oder Beleuchtungstechniken, kommt die erwünschte Nutzenergie, also die eigentlich erwünschte Energiedienstleistung (beispielsweise Heizwärme pro qm/Jahr), beim Verbraucher an. Laut Schätzungen erreicht in Deutschland nur rund ein Drittel der eingesetzten Primärenergie als Nutzenergie die Verbraucher (vgl. nachfolgende Abbildung 7). Es ist davon auszugehen, dass diese Relation in etwa auch für die gesamte EU zutrifft.

Um eine grundlegende Transformation des Energiesystems und die Umsetzung von »Energy Efficiency First« zu gewährleisten, müssen, von der Nutzenergie beziehungsweise Energiedienstleistung ausgehend und zurückgerechnet, möglichst viele Umwandlungsverluste der Vorkette vermieden werden. Dies ist nur durch System- und Szenarienanalysen mit Annahmen über eine Vielfalt technischer Umwandlungsprozesse quantitativ erfassbar. Wenn also statistisch von »Endenergie« die Rede ist, fängt die Suche nach Effizienzgewinnen durch Vermeidung von Umwandlungsverlusten in der gesamten Vorkette im Grunde erst richtig an.

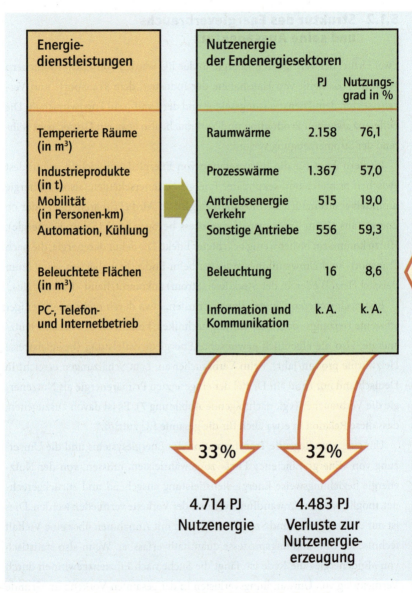

Abbildung 7: Energieflussdiagramm für Deutschland 2001 (ISI, Karlsruhe 2002)

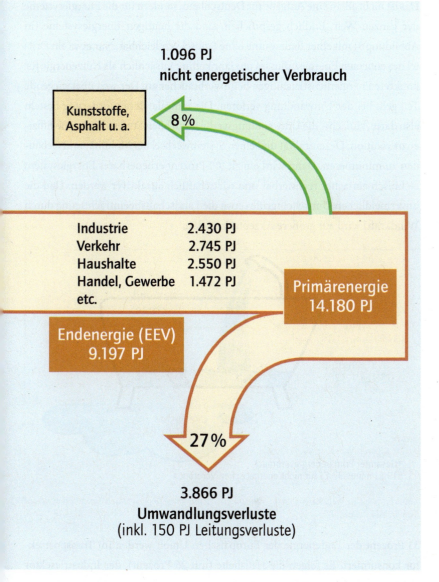

Das ist nicht allein eine Aufgabe für Deutschland, sondern für die Energiesysteme der ganzen Welt. Bildlich gesprochen, sind die heutigen Energiesysteme (in Abbildung 8) mit einer Badewanne ohne Stöpsel vergleichbar. Nur etwa ein Drittel des enormen Energiezuflusses pro Jahr kommt tatsächlich als Nutzenergie für konkrete Energiedienstleistungen beim Verbraucher an. Der weit überwiegende Teil geht bei der Umwandlung verloren. Die zentrale Herausforderung besteht also darin, zunächst die Umwandlungsverluste auf allen Stufen durch eine Effizienzrevolution, Dezentralität und einen Systemwechsel bei Mobilität und Gebäuden zu minimieren. Dann wird ein zu 100 Prozent erneuerbares Energiesystem technisch einfacher realisierbar und wirtschaftlich attraktiver werden. Und die unvermeidlichen Umwelteingriffe (etwa die Landschaftsbeeinträchtigung durch Windkraft) wird auf größere Akzeptanz stoßen.

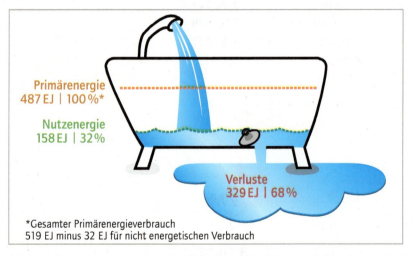

Abbildung 8: Das Weltenergiesystem. Eine Ineffizienzmaschine (eigene Darstellung; basierend auf Jochem und Reitze 2013)

33 Prozent der Endenergie der Europäischen Union werden im Transportsektor konsumiert. Es folgen die Haushalte (mit 26 Prozent), der Industriesektor (25 Prozent), Dienstleistungen (14 Prozent) sowie Land- und Forstwirtschaft

(2 Prozent). Der Wirkungsgrad eines Verbrennungsmotors liegt bei etwa 20 Prozent, der eines E-Motors bei über 90 Prozent, wobei die Rückgewinnung von Bremsenergie noch zusätzlich berücksichtigt werden kann. Das macht deutlich, dass der Endenergieanteil des Transports – allein durch den Übergang auf E-Mobilität – erheblich abgesenkt werden kann – womit der Stöpsel der Badewanne schon weniger weit geöffnet wäre.

Ein solcher Systemwechsel ergibt aber im großen Stil erst Sinn, wenn erneuerbarer Strom mit einem hohen Anteil oder Überschüssen aus fluktuierender Erzeugung durch Sonne und Wind bereitsteht. 2016 kamen in den 28 EU-Staaten 44 Prozent des erzeugten Stroms aus fossilen Energieträgern und 30 Prozent aus erneuerbaren Energien, während 26 Prozent aus Atomenergie gewonnen wurden. Im Bereich der erneuerbaren Energien lieferten Wasserkraftanlagen mit zwölf Prozent den meisten Strom, gefolgt von Windturbinen (neun Prozent), Biokraftstoffen (sechs Prozent) und Solarenergie (drei Prozent).

In Estland und Zypern beträgt der Stromverbrauch aus fossilen Energieträgern sogar noch rund 90 Prozent. Frankreich bezieht etwa drei Viertel seines Stroms aus Atomenergie, gefolgt von der Slowakei mit 55 Prozent und Belgien mit 51 Prozent. Kroatien und Österreich nutzen zur Stromerzeugung rund 60 Prozent Wasserkraftanlagen, in Dänemark liegt der Anteil der Windenergie bei 42 Prozent. Bis zur dekarbonisierten und risikominimalen Stromerzeugung vorwiegend aus erneuerbaren Energien ist es also noch ein weiter Weg.

5.1.3 CO_2-Emissionen

Trotz des immer noch hohen Anteils an fossiler Energie in der gesamteuropäischen Energiebilanz sind die Treibhausgasemission zwischen 2010 und 2014 kontinuierlich gesunken. Dieser Rückgang liegt zum einen an einer verbesserten Energieeffizienz, zum anderen an der steigenden Nutzung erneuerbarer Energiequellen.

Im Jahr 2015 lagen die CO_2-Emissionen um 22 Prozent niedriger als im Basisjahr 1990. Wie ein kürzlich erschienener Report der Europäischen Umweltagentur zeigt, wird die EU ihr Ziel für 2020 (20 Prozent Treibhausgasreduktion) nicht nur erreichen, sondern sogar übertreffen. Auch der Entkopplungsprozess zwischen dem steigenden Bruttoinlandsprodukt und den sinkenden CO_2-Emissionen (vgl. Abbildung 9) ist ermutigend, reicht aber noch nicht aus, um die angestrebte CO_2-Minderung von 40 Prozent für 2030 zu erreichen.

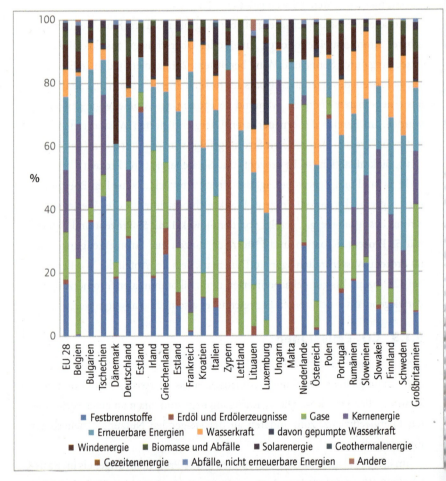

Abbildung 9: EU-Stromproduktion nach Energieträger (Eurostat 2018, S. 15).

Um dieses Ziel erreichen zu können, müsste die EU ihre Emissionen zwischen 2020 und 2030 um 79 Mt CO_2-Äquivalent pro Jahr senken. Angesichts der bisher ergriffenen und geplanten Maßnahmen wird davon jedoch voraussichtlich nur circa ein Drittel (zwischen 23 und 32 $MtCO_2e$ pro Jahr) erreicht werden (EEA 2018a, S.17). Zum Vergleich: Im Jahr 2016 lagen die Gesamtemissionen der EU bei ca. 4.293 Millionen Tonnen CO_2-Äquivalent.

Diese skeptische Prognose für 2030 gründet sich vor allem auf den Emissionsanstieg innerhalb einzelner Sektoren. Hier spielt besonders die Entwicklung im Transportsektor eine Rolle: War dieser 1990 noch für 15 Prozent der Emissionen verantwortlich, waren es 2015 bereits 24 Prozent, Tendenz steigend. Weiterhin stellt der Energieumwandlungssektor auf gesamteuropäischer Ebene noch eine wesentliche Herausforderung dar (vgl. Eurostat 2018 und Abb. 10).

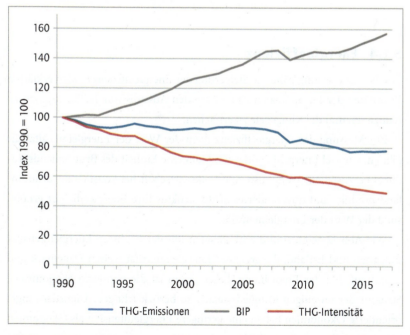

Abbildung 10: Wirtschaftswachstum und Treibhausgas (Europäische Kommission 2018b).

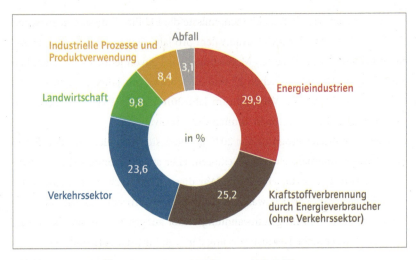

Abbildung 11: EU-Treibhausgasemissionen 2015 (Eurostat 2018, S. 20).

5.1.4 Energieeffizienz

Wie bereits erwähnt, zählt die Steigerung der Energieeffizienz zu den erklärten Prioritäten der Europäischen Union, um den Ausstoß von Treibhausgasen zu reduzieren und die Klimaziele zu erreichen.

Zur Messung der Energieeffizienz dient der Wert der Energieintensität: Er gibt an, wie viel Energie benötigt wird, um eine Einheit des Bruttoinlandsprodukts herzustellen. Wenn also eine Volkswirtschaft bei konstantem Bruttoinlandsprodukt und unveränderter Sektorstruktur ihre Energieeffizienz erhöht, sinkt der Wert der Energieintensität.

Wie Abb. 12 zeigt, sind die EU-Staaten mit der höchsten Energieintensität Bulgarien und Estland, die geringste Energieintensität weisen Dänemark und Irland auf. Bei der Einordnung dieser Daten ist die nationale ökonomische Struktur der jeweiligen Mitgliedsstaaten zu berücksichtigen: Dienstleistungsorientierte Ökonomien haben eine geringere Energieintensität als Ökonomien mit einem hohen Anteil an Schwerindustrie.

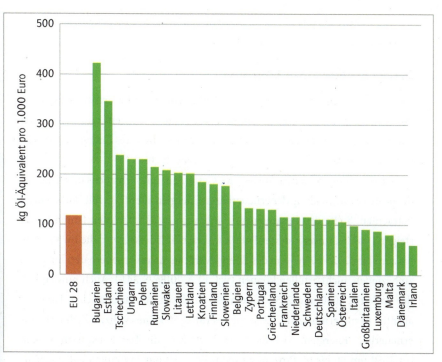

Abbildung 12: Energieintensität in der Europäischen Union (Eurostat 2018, S. 21)

Im Februar 2018 gab die EU bekannt, dass laut Berechnungen von Eurostat die Staatengemeinschaft im Jahr 2016 noch vier Prozent von ihrem gesetzten 20-Prozent-Energieeffizienzziel entfernt sei (Eurostat 2018). Seit 1990 (dem Basisjahr für das 20-Prozent-Ziel) unterliegt der Abstand zu diesem Ziel jedoch erheblichen Schwankungen. 2006 war die EU mit 16,2 Prozent am weitesten von ihrem Ziel entfernt, 2014 dagegen erzielte sie eine Rekordannäherung von 1,7 Prozent. Doch dieser Wert verschlechterte sich danach wieder bis auf vier Prozent in 2016 (ebd.). Hieran wird deutlich, dass nicht nur die absolute Dimension, sondern auch die Verstetigung und der Strukturwandel bei der Effizienzsteigerung eine wichtige Rolle spielen. Die Berücksichtigung des Strukturwandels zu weniger energieintensiven Branchen zusammen mit der spezifischen Steigerung der

Energieeffizienz von Geräten, Prozessen, Fahrzeugen und Gebäuden ergeben zusammen die zentralen Energieintensitätseffekte.

5.1.5 Erneuerbare Energien

Der Anteil erneuerbarer Energien am Primärenergieverbrauch stieg zwischen 2004 und 2016 in der Union von 8,5 Prozent auf 17 Prozent und nähert sich damit dem gemeinsamen EU-Ziel für 2020, 20 Prozent ihres Energieverbrauchs mittels dieser Ressourcen zu decken (vgl. Eurostat 2018).

Berücksichtigt man den Anstieg des Gesamtenergieverbrauchs in der EU, ist die positive Entwicklung der erneuerbaren Energien allerdings mit Vorbehalt zu betrachten. Sollte der Gesamtenergieverbrauch in den nächsten Jahren weiter steigen (was bei unveränderter Politik wahrscheinlich ist), wird die EU ihr Ziel, bis zum Jahr 2020 20 Prozent des Energieverbrauchs aus erneuerbaren Energien zu beziehen, nicht erfüllen können (vgl. EEA 2018a, S. 34 f.). Auch hinsichtlich der Ziele für 2030 und 2050 wirken die Analysen der Europäischen Umweltagentur wenig ermutigend. Zwar gibt es für 2050 keine explizite Zielmarke für erneuerbare Energien, doch das formulierte Ziel, die Treibhausgasemissionen bis 2050 um 80 bis 95 Prozent zu reduzieren, ist nur mit einem entsprechenden Ausbau der Erneuerbaren Energien zu erreichen. Der Transportsektor mit seiner immer noch starken Bindung an fossile Energieträger stellt hierbei eine besondere Herausforderung dar, nicht zuletzt deshalb, weil nachhaltigere Mobilitätsalternativen bislang bei der EU wenig Beachtung finden (ebd.).

Der höchste Anteil erneuerbarer Energien wird in Schweden genutzt (53,8 Prozent). Darauf folgen Finnland (38,7 Prozent) und Lettland (37,2 Prozent). Am anderen Ende der Skala finden sich Luxemburg (5,4 Prozent), Belgien (8,7 Prozent), Malta (sechs Prozent) und die Niederlande (sechs Prozent) (vgl. Abb. 13 sowie Eurostat 2018). 18 Mitgliedsländer haben die Ausbauziele bis 2020 noch nicht erreicht.

Die starken Unterschiede zwischen den einzelnen Mitgliedsstaaten bieten Gelegenheit für neue Kooperationen. So können Mitgliedsstaaten mit einem überdurchschnittlichen Anteil erneuerbarer Energien ihren Überschuss an andere Mitgliedsstaaten übertragen und so etwaige Defizite ausgleichen. Litauen und Luxemburg haben 2017 ein Abkommen unterzeichnet, in dem Litauen sich bereiterklärt, eine statistische Übertragung erneuerbarer Energien auf das Luxemburger Ziel vorzunehmen. Auch Estland hat zugesagt, erneuerbare Energie nach Luxemburg zu transferieren (EEA 2018b, S. 41 ff.). 2016 vereinbarten Deutschland und Dänemark die erste grenzüberschreitende Auktion von Freiflächen für Photovoltaikanlagen. Eine solche Zusammenarbeit plant Deutschland auch mit Frankreich (ebd.). Wenn diese Kooperationen mit Nachbarländern zunehmen, muss der Netzausbau damit Schritt halten.

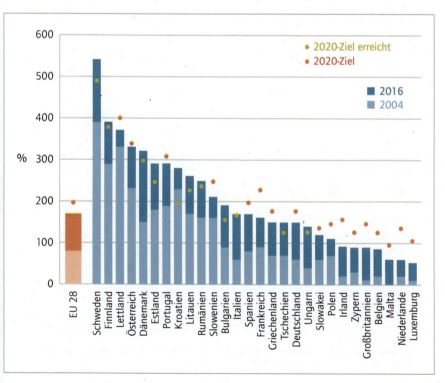

Abbildung 13: Anteil der Erneuerbaren Energien in EU-Mitgliedsstaaten (Eurostat 2018 S. 22)

Mitgliedsstaat	Bruttoendenergie-verbrauch **gesamt** Gesamtänderung 2005-2016 (%)	Bruttoendenergie-verbrauch aus **erneuerbaren Quellen** Gesamtänderung 2005-2016 (%)	Anteil erneuerbarer Energien Prozentuale Veränderung 2005-2016
Österreich	3	46	9,8
Belgien	−1	266	6,3
Bulgarien	−4	94	9,4
Kroatien	−8	9	4,5
Zypern	−3	191	6,2
Tschechien	−5	100	7,8
Dänemark	−5	91	16,2
Estland	1	67	11,3
Finnland	2	37	9,9
Frankreich	−6	57	6,4
Deutschland	−1	119	8,1
Griechenland	−20	74	8,2
Ungarn	−4	96	7,3
Irland	−8	206	6,6
Italien	−14	98	9,9
Lettland	−6	8	4,9
Litauen	4,7	60	8,8
Luxemburg	−12	240	4
Malta	33	5.801	5,9
Niederlande	−9	116	3,5
Polen	13	85	4,4
Portugal	−16	23	9
Rumänien	−9	32	7,7
Slowakei	−11	69	5,6
Slowenien	−0,05	33	5,3
Spanien	−16	73	8,8
Schweden	−1	31	13,2
Großbritannien	−12	520	8

Anmerkung: In Malta stieg der Bruttoendenergieverbrauch aus erneuerbaren Quellen zwischen 2005 und 2016 um 5,801 %, da die erneuerbaren Energien 2005 nur einen winzigen Bruchteil des Bruttoendenergieverbrauchs des Landes ausmachten.
Die Daten zum gesamten Bruttoendenergieverbrauch berücksichtigen Anpassungen hinsichtlich der in der Luftfahrt verbrauchten Energiemengen, wie unter dem EEG festgelegt.

Abbildung 14: Energieverbrauch und Anteil erneuerbarer Energien in EU-Mitgliedsstaaten (EEA 2018 (a))

Die Abbildung 14 macht deutlich, dass der Ausbau der Erneuerbaren in allen Sektoren (Spalte drei) von Land zu Land in sehr unterschiedlichem Tempo verläuft und Deutschland etwa im Vergleich mit Dänemark und Schweden einen erheblichen Nachholbedarf hat.

Gleichwohl zeigen die nachfolgenden Abbildungen in Bezug auf den erneuerbaren Stromanteil, dass im EU-Durchschnitt – gestützt auf Wind und Sonne – der Anteil der grünen Stromerzeugung inzwischen alle anderen Energieträger überholt hat.

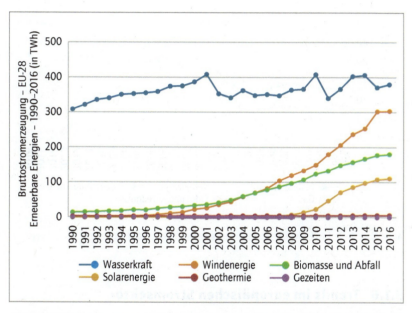

Abbildung 15: Bruttostromerzeugung mit erneuerbaren Energien (Europäische Kommission 2018, S. 93).

Die Entwicklung seit 2010 ist ein Indiz dafür, dass der Ausbau der erneuerbaren Energien in der EU schneller und der Ausstieg aus der Kohle früher kommen kann, als in den bisherigen Planungen angedacht wurde. Wurden 2010 noch 818 TWh Kohlestrom und nur 302 TWh Strom aus erneuerbaren Quellen produziert, so kehrte sich dieses Verhältnis 2017 um: Erstmalig wurde aufgrund der fulminanten Kostenreduktion bei Wind- und Solarstrom mit 679 TWh mehr grüner Strom als Kohlestrom (669 TWh) produziert – ein Trend, der sich bei unterstützender Politik verstärken lässt (vgl. Sandbag und Agora Energiewende 2017). Um diese These zu belegen, soll abschließend noch kurz auf einige Trends im europäischen Stromsektor eingegangen werden.

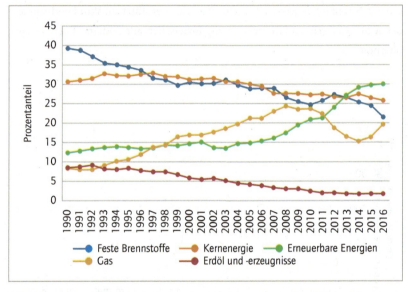

Abbildung 16: Entwicklung der Bruttostromerzeugung 1990–2016 in der EU28 nach Energieträgern (in %)

5.1.6 Trends im europäischen Stromsektor

Die Bestandsaufnahme zum Status des Energiesystems in Europa kann hier nur grob und nicht differenziert nach einzelnen Mitgliedsländern vorgenommen werden. Aber trotz aller Verschiedenheit bei der Ausgangslage und beim derzeitigen Energiemix kann doch festgehalten werden: Die (heute bereits absehbare) Entwicklungsperspektive geht in fast allen Mitgliedsländern in die gleiche Richtung. Zwar gibt es hier zurzeit noch unterschiedliche Geschwindigkeiten, aber infolge der beiden Megatrends »Energy Efficiency First« und »Kostensenkung von Grünstrom« (basierend auf PV und Wind) verläuft der Trend in Richtung einer immer stärkeren Vereinheitlichung.

In diesem abschließenden Punkt der Bestandsaufnahme konzentrieren wir uns auf den Stromsektor. Gewiss sind hier noch die stärksten länderspezifischen Differenzen zu verzeichnen. Andererseits ist unbestritten, dass zur Dekarbonisierung von Gebäuden (mittels elektrischer Wärmepumpen) und des Verkehrs (mittels E-Mobilität) ein zusätzlicher Ausbau erneuerbarer Stromerzeugung notwendig ist (vgl. zu folgendem Abschnitt Agora Energiewende und Sandbag 2019).

Der gleichzeitige Ausbau der Stromerzeugung durch Wind und Photovoltaik konzentriert sich in Europa vor allem auf Deutschland, Italien, Frankreich, UK und Spanien. Aber auch in Schweden, Dänemark, Portugal und Polen wurden 2018 insgesamt 57 TWh aus Windenergie erzeugt (ebd., S. 7). Während die Kohle- und Gasverstromung in 2018 deutlich abnahm (um 76,1 TWh), wuchs die Stromerzeugung aus erneuerbarer Energie um 74 TWh. Auch die gewünschte absolute Entkopplung von Bruttoinlandsprodukt und Energie machte Fortschritte: Während das Bruttoinlandsprodukt von 2010 bis 2018 um 13 Prozent gestiegen ist, sank der Stromverbrauch leicht um 2 Prozent.

Aber es bleibt noch viel zu tun. Gewiss wird Photovoltaik als eine Kerntechnologie für zukünftige Stromerzeugung angesehen, gleichwohl ist der Anteil an der europäischen Stromerzeugung bisher mit maximal 8 Prozent (Italien) und weniger als 0,1 Prozent in Polen und Finnland noch bescheiden. Der politische Handlungsbedarf vor allem auch der Mitgliedsländer liegt also, ebenso wie beim Ausbau der Windkraft, auf der Hand. Während bei Wind der jährliche Ausbau relativ stetig anwuchs, gab es in den Jahren 2013 bis 2017 bei Photovoltaik einen erheblichen Rückgang im Vergleich zum Rekordjahr 2011.

Vergleicht man die bisherige Entwicklung und den Status der erneuerbaren Stromerzeugung (2018) mit den Ausbauzielen der EU-Kommission bis 2030, dann zeigt sich, dass ein erneuerbarer EU-Stromanteil von 57 Prozent auch bei Trendfortschreibung durchaus realistisch ist (vgl. Abbildung 17).

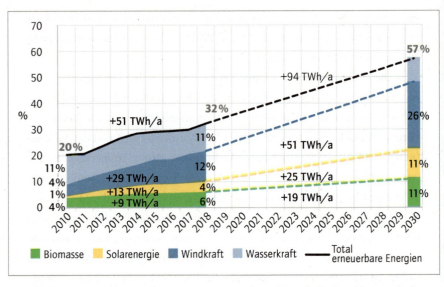

Abbildung 17: Anteil erneuerbarer Stromerzeugung bis 2030 nach der Langfriststrategie der EU-Kommission (Agora Energiewende und Sandbag 2019, S. 20)

Für 75 Prozent der Kapazitäten der europäischen Steinkohlekraftwerke existieren Ausstiegspläne bis 2030. Ausnahmen bilden hier Deutschland (2038) und vor allem Polen: Nach derzeitiger Planung (Stand Ende 2018) soll dort der Anteil der Kohleverstromung bis 2030 von heute 77 Prozent lediglich auf 60 Prozent gesenkt werden. Für einen schnelleren Ausstieg ist offensichtlich europäische Unterstützung notwendig. Das gilt auch für andere europäische Länder (Tschechien, Bulgarien, Rumänien, Griechenland und Slowenien), die über ein »exzellentes Potenzial für Wind- und Solarenergie« (ebd., S. 24) verfügen.

Die EU-Kommission hat 2018 in zwei Workshops ihre Plattform für »Coal Regions in Transition« vorgestellt: »Derzeit hängen 41 Regionen in zwölf EU-Mitgliedsstaaten signifikant von Einnahmen aus Kohleminen und Kohleverstromung ab, die direkte Arbeitsplätze für etwa 185.000 Beschäftigte bereitstellen« (Übersetzung der Autoren, ebd., S. 25). Es bietet sich an, in einer konzertierten Aktion zwischen Deutschland und diesen Staaten die Empfehlungen der Kohlekommission und die in den Ländern vorliegenden Erfahrungen für eine »Just Transition«-Strategie auszuwerten und in nationale Kohleausstiegspläne zu überführen.

Wirtschaftlich relevant ist dabei auch der Anstieg der Betriebskosten für Kohle- und Gaskraftwerke: »Zwischen 2017 und 2018 stiegen die Preise für Kohle um 15 Prozent, für Gas um 30 Prozent und für CO_2-Zertifikate um 170 Prozent« (Übersetzung der Autoren, ebd., S. 31). Hält dieser Preiszuwachs an, dann wächst der Anreiz, früher als bisher vorgesehen aus der fossilen Stromversorgung auszusteigen. »Wenn man von der spezifischen Situation in Polen einmal absieht, dann ist die politische Überschrift der EU-Klima- und Energiegesetzgebung für 2030, den Ausstieg aus der Kohle in Europa zu beschleunigen« (Übersetzung der Autoren, ebd., S. 39). Hierzu passt auch die von der Internationalen Energieagentur (vgl. IEA 2018) im Jahre 2018 vorgelegte und nach oben angepasste Kurzfristprognose, dass die gesamte erneuerbare Stromerzeugungskapazität von 566,9 GW (2017) bis 2023 auf 754,4 GW ansteigen wird. Wobei der größte Anstieg mit rund 47 GW für Deutschland vorausgesagt wird, gefolgt von Frankreich mit 28 GW und UK mit 13 GW.

5.2 Rechtsrahmen der europäischen Energie- und Klimapolitik

5.2.1 Einordnung

Die Institutionen der EU (die Kommission, das Europäische Parlament und der Europäische Rat) sind nur auf den Feldern handlungsbefugt, auf denen es die EU-Verträge (Primärrecht; siehe zu den Details unten) ausdrücklich erlauben. Aktuelle Grundlage für den derzeitigen Rechtsrahmen ist der am 1.12.2009 in Kraft getretene Vertrag von Lissabon. Laut Artikel 194, der die gesetzliche Basis für die Energiepolitik festlegt, ist die EU für die Funktionsfähigkeit der Energiemärkte, für die Versorgungssicherheit sowie für die Förderung von

Energieeffizienz, der erneuerbaren Energien und des Ausbaus der Energienetzwerke zuständig. Dabei dürfen die Rechte von Mitgliedsstaaten hinsichtlich der Ausbeutung ihrer Energieressourcen, der Wahl zwischen verschiedenen Energiequellen und der allgemeinen Struktur des Energieangebots (Energiemix) nicht tangiert werden. Über fiskalische Maßnahmen (also etwa über Energie- und CO_2-Steuern) muss mit einstimmigem Votum aller Mitgliedsländer und nach Konsultation des Europäischen Parlaments entschieden werden.

Insofern schließt es der Vertrag von Lissabon aus, direkt eine Europäisierung der Energiewende in dem hier geforderten umfassenden Sinne auf EU-Ebene zu beschließen. Bei heutiger Interessenlage und angesichts der politischen Mehrheiten in den Mitgliedsstaaten und den europäischen Institutionen wäre ein Mehrheitsbeschluss auch kaum zu erwarten, geschweige denn ein einstimmiges Votum.

Der hier verfolgte Ansatz ist daher ein anderer. Es geht um Überzeugungsarbeit, um die sozial-ökologische Vorteilhaftigkeit der Energiewende mit wissenschaftlich untermauerten Argumenten zu belegen, das heißt um eine Analyse, was aus ökologischen Gründen geschehen muss, was heute schon machbar ist und was ggf. eine Fortentwicklung des Rechtsrahmens erfordert.

In Deutschland wurde, wie gezeigt, die Idee einer »Energiewende« in den 1980er-Jahren von einer kleinen Minderheit entwickelt. Heute ist sie Mainstreampolitik, und der Rechtrahmen wurde erheblich weiterentwickelt – wenn auch derzeit noch halbherzig, mit vielen Defiziten und Versäumnissen. Die technologischen, gesellschaftlichen und ökologischen Trends machen es aber heute möglich und notwendig, den nächsten Schritt in Richtung Europäisierung der Energiewende zu gehen. Dieser Schritt könnte schneller zum Erfolg führen, weil sich die wirtschaftlichen und sozialen Bedingungen für Effizienz und erneuerbare Energien inzwischen drastisch zugunsten einer Energiewende verändert haben.

In der genannten Quelle (vgl. Fußnote 12) wird der »ungenutzte und untergenutzte« (»unused and under-used«) Spielraum für eine Stärkung der Rolle des Europäischen Parlaments und generell für die Fortentwicklung der EU auch auf dem Feld der Energie- und Klimapolitik diskutiert. Dieses Kapitel argumentiert auf dieser Grundlage und innerhalb dieses Spielraums. Zweifellos ist es aber aus ökologischen und sozialen Gründen geboten, sich grundsätzlicher mit der Reform des primären EU-Rechtsrahmens und seiner möglichen Fortentwicklung gerade auch auf dem Gebiet der Energie- und Klimapolitik zu beschäftigen.

Eine graduelle Fortentwicklung kann sich wohl schon heute auf eine Mehrheit der EU-Bürger stützen: In einer repräsentativen Erhebung des »Spezial Eurobarometers« zur Umwelt sprachen sich zwei Drittel der europäischen Bürger dafür aus, dass Umweltentscheidungen gemeinsam in der EU vorgenommen werden sollten. Nur 19 Prozent meinten, dass dies auf nationaler Ebene geschehen solle. Darüber hinaus heißt es: »83 % stimmen zu, dass die EU in der Lage sein sollte, zu prüfen, ob Umweltgesetze in den Mitgliedsstaaten korrekt umgesetzt werden, 82 % stimmen zu, dass die EU nicht-EU-Staaten bei der Verbesserung ihrer Umweltstandards unterstützen sollte, während 80 % zustimmen, dass das EU-Umweltrecht notwendig ist, um die Umwelt in ihrem Land zu schützen.« (Europäische Kommission 2017a, S. 6). Wenn dies zutrifft, dann findet nicht nur eine ambitioniertere Zielsetzung, sondern vor allem auch eine energischere Umsetzung der Klima- und Energiepolitik Unterstützung in Europa.

5.2.2 Der Rechtsrahmen im Detail

Obwohl Fragen der Energiepolitik bereits seit der Gründung der Europäischen Gemeinschaft für Kohle und Stahl im europäischen Integrationsprozess eine Rolle spielen, sind die primärrechtliche Verankerung und damit der explizite energiepolitische Gestaltungsauftrag an die EU erst recht spät mit dem Vertrag von Lissabon (2009) erfolgt. Angesichts der grundsätzlichen Prinzipien der begrenzten Einzelermächtigung und des Subsidiaritätsprinzips hinsichtlich der Kompetenzverteilung zwischen der Europäischen Union und den Mitgliedsstaaten ist die primärrechtliche Fundierung der Energie- und Klimapolitik ein großer Legitimationsschritt für die EU. Die grundsätzliche Ausrichtung der EU-Energiepolitik und deren Ziele werden im Vertrag über die Arbeitsweise der Europäischen Union (AEUV) wie folgt formuliert:

»(1) Die Energiepolitik der Union verfolgt im Geiste der Solidarität zwischen den Mitgliedsstaaten im Rahmen der Verwirklichung oder des Funktionierens des Binnenmarkts und unter Berücksichtigung der Notwendigkeit der Erhaltung und Verbesserung der Umwelt folgende Ziele: a) Sicherstellung des Funktionierens des Energiemarkts; b) Gewährleistung der Energieversorgungssicherheit in der Union; c) Förderung der Energieeffizienz und von Energieeinsparungen sowie Entwicklung neuer und erneuerbarer Energiequellen und d) Förderung der Interkonnektion der Energienetze« (Art. 194 AEUV).

Abweichend vom sonst geltenden ordentlichen Gesetzgebungsverfahren, gilt für die Umsetzung von Versorgungssicherheit, Wettbewerbsfähigkeit und Nachhaltigkeit, dass jeder Einzelstaat über »die Bedingungen für die Nutzung seiner Energieressourcen, seine Wahl zwischen verschiedenen Energiequellen und die allgemeine Struktur seiner Energieversorgung« (Art. 194, Satz 2 AUEV) selbst entscheidet. Maßnahmen, die »überwiegend steuerlicher Art sind« (Art. 194, Satz 3 AEUV), sind einstimmig vom Rat zu beschließen. Gestaltung und Zusammensetzung des nationalen »Energiemix« bleiben also den Mitgliedsstaaten überlassen.

Außerhalb des Energietitels wird die Europäische Energie- und Klimapolitik noch innerhalb des Umwelttitels geregelt (Art. 191 AEUV). Auch hier findet sich wieder ein Verweis auf die Souveränität der Mitgliedsstaaten bezüglich der Wahl ihrer Energieträger, welche damit zweifach im EU-Primärrecht abgesichert ist. Hier spiegelt sich somit die dominante Rolle der EU-Mitgliedsstaaten etwa bei der Festlegung von nationalen Energiewendezielen wider.

Das Gesamtenergieangebot und auch seine Zusammensetzung werden allerdings indirekt von dem in Art. 194 formulierten Ziel der »Förderung der Energieeffizienz und von Energieeinsparungen« sowie direkt von dem Ziel »Entwicklung der erneuerbaren Energiequellen« beeinflusst. Von daher verfügt die EU, politischen Mehrheitswillen vorausgesetzt, durchaus über zwei beachtliche Hebel, um auf den Energiemix der Mitgliedsländer Einfluss zu nehmen.

Trotz der Einschränkungen bei der Gestaltung des Energiemix ist also seine Aufnahme ins Primärrecht als Legitimationsgrundlage und Basis für Sekundärrecht von erheblicher Bedeutung. Die Rechtssetzungskompetenz, die die EU mit dem Vertrag von Lissabon erhalten hat, schafft die Möglichkeit, als eigenständiger Akteur in Richtung einer integrierten Energie- und Klimapolitik aufzutreten.

Die Ziele

Die europäische Dimension der Energiepolitik hat während der vergangenen Jahre einen merklichen Bedeutungszuwachs erfahren, besonders in Zusammenhang mit Herausforderungen des Klimawandels. Geschuldet ist diese Entwicklung der wachsenden globalen Aufmerksamkeit für Fragen des anthropogenen Klimawandels während der ersten Dekade des 21. Jahrhunderts vor allem den Arbeiten des Intergovernmental Panel on Climate Change (IPCC). Aber auch Veröffentlichungen wie der »Stern-Report«, der Dokumentarfilm »An Inconvenient Truth« von Al Gore, die Auszeichnung des Weltklimarats (IPCC) mit dem Friedensnobelpreis 2008 sowie der G8-Gipfel in Heiligendamm (2007), bei dem das Thema Klimawandel weit oben auf der Agenda stand, zeugen von diesem Bedeutungszuwachs und wirkten sich auch auf die energiepolitischen Auseinandersetzungen auf europäischer Ebene und die Transformation der Energieversorgungssysteme aus:

»Mittels sekundärrechtlicher Richtlinienvorgaben werden auf der europäischen Ebene Impulse gesetzt, um den Anteil der erneuerbaren Energien am Energiemix zu steigern. Auch mittels des im Jahr 2008 beschlossenen europäischen Konjunkturpakets wurden Maßnahmen zur Integration der Energiemärkte verstärkt. [...] Insofern gibt es im energiepolitischen Bereich zwei ineinandergreifende Dynamiken: Die Tendenz hin zur Vertiefung des Energiebinnenmarktes und die Transition hin zu erneuerbaren Energien« (Haas 2017, S. 85 f.).

Ein wichtiges Ergebnis dieser Auseinandersetzungen waren die 2007 unter deutscher Ratspräsidentschaft formulierten 20-20-20-Ziele: die Emissionsminderung von 20 Prozent im Vergleich zum Jahr 1990, eine 20-prozentige Steigerung der Energieeffizienz sowie die Erhöhung des Anteils erneuerbarer Energien am Gesamtenergieverbrauch um 20 Prozent bis zum Jahr 2020. Mit der Verabschiedung dieses Klima- und Energiepakets hat die EU das Ziel formuliert, sich in die Position einer Vorreiterin in der globalen Energie- und Klimapolitik zu bringen.

Diese klimapolitischen Ambitionen der 2000er-Jahre wurden jedoch mit Beginn der Weltfinanz- und Wirtschaftskrise (2008) unter veränderte Bedingungen gestellt und mussten sich mit neuen klima- und energiepolitischen Konflikten im europäischen Kontext auseinandersetzen:

> »Die Klima- und Energiepolitik geriet im Verlauf der Krise zunehmend in den Hintergrund, der Mythos eines grünen Europas verlor an Bedeutung. Ansätze eines Green New Deals oder eines sozial-ökologischen Transformationsprozesses konnte das grüne Akteursspektrum allenfalls marginal in das Krisenmanagement einschreiben« (Haas 2017, S. 103).

Klima- und energiepolitische Maßnahmen wurden somit während des Krisenmanagements nahezu ausschließlich von kurzfristigen Faktoren wie Wirtschaftswachstum und Wettbewerbsfähigkeit abhängig gemacht. In Südeuropa beispielsweise kam es zu massiven Einschnitten bei der Förderung erneuerbarer Energien (Haas 2017, S. 107).

Entsprechend komplex gestalteten sich die Verhandlungen über die Weiterentwicklung der Europäischen Union in der Energie- und Klimapolitik. Seit dem Amtsantritt von Jean-Claude Juncker als Kommissionspräsident der EU wurden die Integrationsbestrebungen innerhalb der Energie- und Klimapolitik wieder stärker in den Fokus genommen. 2015 stellte Juncker die Idee einer Energieunion als eine von zehn Prioritäten seiner politischen Agenda vor. Die Energieunion umfasst dabei fünf miteinander verknüpfte politische Aktionsfelder:

Sicherheit, Solidarität und Vertrauen; Integration des Energiebinnenmarktes; Energieeffizienz; Klimaschutz (Dekarbonisierung); Forschung, Innovation und Wettbewerbsfähigkeit.

Auf der Grundlage des 2015 verabschiedeten Übereinkommens von Paris (Paris Agreement) wurde die durchaus ambivalente Vorstellung einer Energieunion durch das 2016 veröffentlichte Paket »Saubere Energien für alle Europäer« wieder mehr in die Richtung konkretisiert, den Klimaschutz voranzubringen und auch ambitioniertere Ziele für 2030 umzusetzen (vgl. hierzu Kap. 5.3). Hervorzuheben ist dabei vor allem auch der Bedeutungszuwachs des Effizienzziels.

»Energieeffizienz an erster Stelle«

Durch den Beschluss der 20-20-20-Klimaschutzziele im Jahr 2007 (vgl. Europäische Kommission o. J.) wurde die strategische Senkung des jährlichen Energieverbrauchs in der Union erstmals als bedeutender Beitrag zum Klimaschutz anerkannt. Zur Verbesserung der Energieeffizienz im Jahr 2020 um 20 Prozent im Vergleich zu einem szenarienbasierten Referenzpfad hat die Kommission im Jahr 2012 erstmalig in der Energieeffizienzrichtlinie verbindliche Maßnahmen für die Mitgliedsländer festgelegt (Amtsblatt der Europäischen Union: 2012/27/EU). Seitdem haben Maßnahmen zur Erhöhung der Energieeffizienz eine wachsende Aufmerksamkeit erfahren. Zunehmend wird akzeptiert, dass die Steigerung der Energieeffizienz von strategischer Bedeutung für die EU ist, auch für die bisher stark angebotsorientierte Integrationsperspektive in der Energieunion.

Die derzeitigen Rahmenvorschriften für die Energieeffizienz bestehen aus mehreren Richtlinien, die fortwährend überarbeitet werden. Die Energieeffizienzrichtlinie (EED) wird so durch die Ökodesign-Richtlinie (2009/125EG), die Richtlinie über die Energieeffizienzkennzeichnung (2010/30/EU) und die Richtlinie über die Gesamtenergieeffizienz von Gebäuden (2010/31/EU) ergänzt.

2014 war jedoch bereits absehbar, dass die EU ihr Effizienzziel bis 2020 bei den momentanen Anstrengungen nicht würde erreichen können. In dem kurz darauf veröffentlichten Bericht über die Bewertung der Fortschritte bei der Durchführung der Richtlinie zur Energieeffizienz (Europäische Kommission 2015) schätzte man die tatsächlichen Einsparungen an Primärenergie bis 2020 lediglich auf 17,6 Prozent. Auch die Europäische Umweltagentur bestätigte in ihrem 2018 veröffentlichten Report zum Fortschritt der europäischen Klima- und Energieziele, dass bei den momentanen Anstrengungen der EU und ihrer Mitgliedsstaaten sowie angesichts des weiter steigenden Energieverbrauchs die beschlossene 20-prozentige Steigerung der Energieeffizienz bis 2020 voraussichtlich nicht erreicht werden könne (EEA 2018b, S. 44 ff.).

Mit ihrem Maßnahmenpaket »Saubere Energie für alle Europäer« formulierte die EU-Kommission schließlich zum ersten Mal »Efficiency first« als zentralen Grundsatz. Allerdings wird weiter darüber diskutiert, was »first« in der Praxis bedeuten soll. Soll die bisherige starke Priorisierung des Ausbaus erneuerbarer Energien in der EU oder auch besonders in Deutschland damit geändert werden? In der Praxis wohl kaum. In der Theorie schon eher, wie die jährlich erscheinenden Weltenergieszenarien der Internationalen Energieagentur zeigen (vgl. IEA 2018). Denn die IEA propagiert das Prinzip »Energy Efficiency First« mit zunehmendem Nachdruck – ein veritabler Paradigmenwechsel für eine Institution, die über Jahrzehnte als wichtigster Kronzeuge für den Ausbau fossiler und nuklearer Energieerzeugung diente.

Nach kontroversen Diskussionen zwischen Parlament, Ministerrat, Kommission und Umweltverbänden wurde im Juni 2018 als Kompromiss ein indikatives Effizienzziel von 32,5 Prozent bis 2030 (mit einer Aufwärtsklausel bis 2023) beschlossen (vgl. Europäische Kommission 2018b). Umweltverbände und das EU-Parlament plädierten für ein Ziel zwischen 35 und 40 Prozent, verbunden mit angemessenen Sanktionen, doch der Ministerrat – allen voran auch als Bremser Deutschland – forderte eine Beschränkung auf 30 Prozent (vgl. Schwarz 2018). Die Revisionsklausel für eine Nachjustierung (alle fünf Jahre) muss genutzt werden, um das Effizienzziel und den zu seiner Erreichung notwendigen Policy Mix noch deutlich ambitionierter zu gestalten. Erst dann wird das Prinzip »Efficiency *First*« wirklich umgesetzt, und seine ökonomischen und sozialen Vorteile – ein schnellerer, preiswürdigerer und sozialverträglicherer Transformationsprozess der Energiewende – können tatsächlich verwirklicht werden. Denn gute Argumente sprechen dafür: Je entschiedener das kosteneffektive Effizienzpotenzial realisiert wird, desto schneller wächst der Anteil erneuerbarer Energien am (Rest)Energieverbrauch, desto mehr Energie(import)kosten können eingespart werden, desto mehr positive (Netto-)Beschäftigungseffekte sind möglich, und desto weniger Akzeptanz- und Umweltprobleme entstehen durch den notwendigen Ausbau des erneuerbaren Energieangebots und der Netze (vgl. Hennicke und Welfens 2012).

Endlich Schluss mit »Nuclear First«!

Einen besonderen, aber noch immer wirkmächtigen Anachronismus stellt der Euratom-Vertrag vom 25. März 1957 dar. In ihm heißt es bis heute als geltendes EU-Ziel: »Aufgabe der Atomgemeinschaft ist es, durch die Schaffung der für die schnelle Bildung und Entwicklung von Kernindustrien erforderlichen Voraussetzungen zur Hebung der Lebenshaltung in den Mitgliedsstaaten und zur Entwicklung der Beziehungen mit den anderen Ländern beizutragen« (Amtsblatt der Europäischen Union: 2016/C 203/01).

Keine dieser Aufgaben wird heute noch von einer Mehrheit europäischer Länder akzeptiert, weil die Realität die genannte Voraussetzung »schnelle […] Entwicklung von Kernindustrien« schon längst widerlegt hat und selbst in Ländern mit Kernreaktoren die Zweifel wachsen, ob Atomindustrie im Vergleich zu risikominimalen Alternativen tatsächlich »zur Hebung der Lebenshaltung« beiträgt.

Die Fraktion von Bündnis 90/Die Grünen hat die Bundesregierung daher aufgefordert (Bundestag 2018a), eine Ankündigung aus dem Koalitionsvertrag endlich umzusetzen und eine Reform des Euratom-Vertrags zu fordern. In der Konsequenz hieße dies unter anderem:

a) die durch den Vertrag begründete Sonderstellung der Atomkraft abzuschaffen
b) die nukleare Forschung nur noch auf Sicherheits-, Entsorgungs- und Gesundheitsfragen zu beschränken und vor allem keine EU-Fördergelder für die Entwicklung kleiner modularer Reaktoren der 4. Generation bereitzustellen
c) keine Laufzeitverlängerung über 40 Jahre hinaus mehr zu erteilen
d) eine Erhöhung und Vereinheitlichung der Haftungsanforderungen durchzusetzen.

Aber es wird noch eine ganze Weile dauern, bis das vor 60 Jahren von der Lobby erhoffte »Nuclear First«-Prinzip durch ein vertraglich vereinbartes »Ausstiegs«-Prinzip ersetzt werden kann. Denn die Atomindustrie gibt sich keineswegs geschlagen, und noch wird sie von der EU-Kommission für unverzichtbar gehalten. Beide wissen, dass neue AKWs gegenüber den Erneuerbaren und der Energieeffizienz nicht mehr konkurrenzfähig sind. Daher fordert die Atomindustrie inzwischen erneut staatliche Subventionen. Sie beruft sich dabei auf ihren angeblichen Beitrag zum Klimaschutz, und sie verweist darauf, in Europa »nahezu 800 europäische Unternehmen zu repräsentieren« und »etwa 800.000 Jobs zu unterstützen« (FORATOM 2019).

Mit ihrem Positionspapier beschwert sich FORATOM bei der Kommission darüber, dass Atomstrom als »Low carbon«-Technologie im Vergleich zu den Erneuerbaren zu wenig Förderung erhalte. Konkret lautet eine ihrer Forderungen: »Fördert die Markteinführung von flexibler und steuerbarer ›Low carbon‹-Technologie sowie Atomenergie als Back-up System für variable Erneuerbare« (ebd., Übersetzung der Autoren). Im Klartext: Die Atomindustrie fordert Subventionen für ein Einsatzfeld, für das sie die am wenigsten geeignete Technologie anbietet: für die Flexibilisierung und für unterbrechungsfreie Stromerzeugung bei instabilen Stromnetzen.

Aber die Argumentation wird noch dubioser, und den folgenden Marketingtrick muss man auf Englisch zitieren. Ein zentrales Strategiepapier der EU-Kommission (vgl. Europäische Kommission 2018a) formuliert für das Jahr 2050 mit eindeutigem Bezug auf den angestrebten Anteil erneuerbarer Stromerzeugung von mehr als 80 Prozent: »Together with a nuclear power share of ca. 15 %, *this will be the backbone of a carbon free European power system*« (ebd., S. 9). Diesen unnötigen Kotau der EU-Kommission vor der Atomlobby (»ca. 15 Prozent« Atomstromanteil in 2050) nutzt das Positionspapier von FORATOM zu einer Verfälschung, die nahezu das Gegenteil behauptet: »In its ›Clean Planet for all‹ communication the European Commission confirmed that *nuclear power will form the backbone* [H. d. V.] *of a carbon-free European power system, together with renewables*« (ebd., S. 1). Plötzlich wird die Atomenergie »zum Rückgrat«, und die Erneuerbaren wechseln in eine Nebenrolle!

Aber durch PR-Tricks wird die Atomenergie weder risikofreier noch wirtschaftlicher: Gegenüber erneuerbarer Stromerzeugung (inklusive Back-up-Systemen) sind neue Atomkraftwerke – neben ihren unvertretbaren Risiken – ökonomisch chancenlos. Ein Atomanteil von 15 Prozent im Jahr 2050 ist ohne Neubau nicht denkbar. Dafür fehlen aber sowohl die Akzeptanz wie auch die Finanzierungsbereitschaft von Banken und das Investitionsinteresse wirtschaftlich denkender Unternehmen. Es wird Zeit, dass die Kommission gegenüber der Atomlobby auf diese Fakten verweist und alle Kraft auf die Förderung der risikominimierenden Alternativen konzentriert. Die Kündigung des Euratom-Vertrags wäre dafür ein notwendiger erster Schritt.

Energieunion und »Winter Package«

Das im November 2016 von der Europäischen Kommission vorgelegte Winterpaket (»Winter Package«) gibt die zentrale Weichenstellung für die europäische Energiepolitik im kommenden Jahrzehnt vor. Das Paket kann bei entsprechender Ausgestaltung und Weiterentwicklung einer Europäisierung der Energiewende den Weg bereiten, auch wenn die Kommission den Begriff »Energiewende« bisher nicht benutzt und die quantifizierten Ziele hier deutlich zurückhaltender und kernenergiefreundlicher formuliert werden als im deutschen Energiekonzept 2010/11 (vgl. BMWi und BMU 2010).

Aus Sicht der Europäischen Kommission bedeuten die Maßnahmen des Winterpakets einen wichtigen Schritt auf dem Weg zu einer Europäischen Energieunion. Zudem sollen die novellierten beziehungsweise neuen Verordnungen und Richtlinien der Europäischen Union dazu beitragen, ihre im Kontext des Pariser Übereinkommens international kommunizierten Klimaschutzziele zu erfüllen. Konkret erhofft sich die Europäische Kommission nun, dass die Treibhausgasemissionen bis zum Jahr 2030 um 45 Prozent gegenüber 1990 sinken (vgl. Europäische Kommission 2018c). Weitere mit dem Winterpaket beschlossene Ziele sind eine Erhöhung des Anteils erneuerbarer Energien am Energieverbrauch auf wenigstens 32 Prozent (verbindlich) sowie ein indikatives Energieeffizienzziel von 32,5 Prozent. Nicht quantifizierte Ziele sind eine Erhöhung der Wettbewerbsfähigkeit europäischer Unternehmen, die Schaffung von Arbeitsplätzen und Wachstum, eine Reduktion von Energiekosten und Energiearmut sowie eine Verbesserung der Luftqualität.

Das Winterpaket umfasst acht Rechtsakte, die sich im Dezember 2018 in unterschiedlichen Phasen des Gesetzgebungsprozesses befanden. Die ersten vier der folgenden Rechtsakte wurden bereits im Jahr 2018 beschlossen. Über die letzten vier besteht ebenso grundsätzliche politische Einigkeit, so dass zu hoffen bleibt, dass diese bis zur Europawahl 2019 verabschiedet sein werden.

- Novellierung der EU-Richtlinie zur Gebäudeeffizienz (2018/844): Wichtigste Inhalte der ursprünglichen Richtlinie von 2010 waren, dass Mitgliedsstaaten verpflichtet wurden, Mindeststandards für die Energieeffizienz von Gebäuden zu erlassen und bis Ende 2020 dafür zu sorgen, dass Neubauten nur als Niedrigstenergiegebäude errichtet werden. Nach der Novellierung im Rahmen des Winterpakets müssen die Mitgliedsstaaten nun langfristige Renovierungsstrategien mit Blick auf 2050 entwickeln. Außerdem soll bei der Errichtung und Modernisierung gebäudetechnischer Systeme die Gebäudeautomation obligatorisch sein, und der Ausbau der Elektromobilität muss durch Einbau geeigneter Ladeeinrichtungen unterstützt werden.

- Novellierung der Erneuerbare-Energien-Richtlinie (2018/2001): Die novellierte Richtlinie beinhaltet nun das verbindliche EU-Ziel eines Anteils erneuerbarer Energien von wenigstens 32 Prozent am Endenergieverbrauch im Jahr 2030. Allerdings wurden hier – im Unterschied zu den 2020er-Zielen – keine verbindlichen nationalen Ziele festgelegt. Dies bedeutet einen Rückschritt, weil nun Unternehmen »mangels Rechtsverbindlichkeit weniger Sicherheit bei Investitionen in Erneuerbare Energietechnologien (haben)« (Nationale Akademie der Wissenschaften Leopoldina u. a. 2018, S. 22). Zudem werden Regeln für die Ausgestaltung von Fördersystemen erneuerbarer Energien aufgestellt, und es wird festgelegt, dass ein bestimmter Anteil (zunächst 10, dann 15 Prozent) des durch einen Mitgliedstaat geförderten Zubaus auch in einem anderen Mitgliedsstaat erfolgen kann.
- Novellierung der Energieeffizienz-Richtlinie (2018/2002): Die Novellierung wurde Ende des Jahres 2018 vom Europäischen Parlament und vom Rat beschlossen. Sie legt ein indikatives Energieeffizienzziel für das Jahr 2030 auf 32,5 Prozent fest, wobei dieses Ziel 2023 überprüft und gegebenenfalls nach oben korrigiert werden kann. Beibehalten wurde die verpflichtende Einsparquote in Höhe von künftig 0,8 Prozent des jährlichen Endenergieverbrauchs für alle Mitgliedsländer. Außerdem müssen EU-Staaten sicherstellen, dass die Energiekonsumenten genauere Informationen über ihren Verbrauch erhalten. Dies bezieht sich vor allem auf eine individuelle Erfassung von Wärmeverbräuchen in Mehrfamilienhäusern.
- Verordnung zur Governance der Energieunion (2018/1999): Die Verordnung wurde ebenfalls Ende 2018 vom Europäischen Parlament und Rat angenommen. Sie verpflichtet alle Mitgliedsstaaten, integrierte Energie- und Klimaschutzpläne (iNEK-Pläne) sowie Langfriststrategien zu erarbeiten und der Europäischen Kommission zu übermitteln. Außerdem führt sie Berichtspflichten und einen differenzierten Monitoringprozess ein. Diese sollen dazu beitragen, eine Erreichung der im Kontext des Pariser Übereinkommens kommunizierten Ziele sicherzustellen. Die Governance-Verordnung ist ein

wesentlicher Schritt in Richtung effektiverer und transparenter Koordinierung und Steuerung eines politischen Mehrebenensystems wie der EU (vgl. Nationale Akademie der Wissenschaften Leopoldina u. a. 2018). Erst durch sie wird es wahrscheinlicher, dass die gemeinsamen EU-Klimaschutzziele für 2030 und 2050 tatsächlich erreicht werden. Durch das Monitoring und die verbindlichen Fortschrittsberichte lassen sich nationale Umsetzungslücken leichter identifizieren. Wenn jedoch die nationalen iNEK-Pläne zu wenig ehrgeizig ausfallen (»Ambition Gaps«) oder Defizite bei ihrer Umsetzung vorliegen (»Delivery Gaps«), kann die Kommission lediglich mit Empfehlungen reagieren, denn es gibt keinen verbindlichen Sanktionsmechanismus.

- Novellierung der Strommarktverordnung: Diese ist bisher (Stand Januar 2019) noch nicht von Parlament und Rat beschlossen worden. Die Novellierung bezieht sich besonders auf das Thema Kapazitätsmechanismen und -märkte und enthält Regeln zur Vergabe begrenzter Übertragungskapazitäten zwischen den Stromnetzen zweier oder mehrerer Mitgliedsstaaten.
- Novellierung der Strommarktrichtlinie: Die bisher (Stand Januar 2019) noch nicht von Parlament und Rat beschlossene Novellierung soll die Rechte von Energieverbrauchern stärken. Geschehen soll dies durch eine stärkere Nutzung von intelligenten Zählern (Smart Meters), variablen Tarifen und Preisvergleichsportalen. Außerdem sollen die Mitgliedsstaaten die regulatorischen Voraussetzungen für die Einrichtung von Energiegemeinschaften schaffen. In diesen können sich VerbraucherInnen als Prosumer zusammenschließen und gemeinsam Energie für den Eigenverbrauch oder die Einspeisung in ein Netz erzeugen.
- Risikovorsorgeverordnung: Mit dieser Verordnung werden Mitgliedsstaaten verpflichtet, geeignete Maßnahmen zur Steigerung der Resilienz des Stromversorgungssystems zu ergreifen. Zukünftig sollen Krisen bei der Stromversorgung (etwa durch Extremwetter oder Cyberangriffe) auf diesem Wege verhindert sowie Vorbereitungen und Notfallpläne für derartige Krisen erstellt werden.

- Novellierung der ACER-Verordnung: Durch diese Novellierung soll die Agentur für die Zusammenarbeit der Energieregulierungsbehörden ACER (Agency for the Cooperation of Energy Regulators) zusätzliche und stärkere Kompetenzen erhalten. Sie ist ebenfalls noch nicht von Europäischem Parlament und Rat der Europäischen Union beschlossen.

Im November 2018 präsentierte der EU-Kommissar für Klimaschutz und Energie, Miguel Arias Cañete, zudem eine Langzeitstrategie für eine klimaneutrale Wirtschaft bis 2050. Der vorgestellte Fahrplan umfasst dabei folgende Punkte (vgl. Europäische Kommission 2018d):

- Bis 2050 sollte die EU ihre Treibhausgasemissionen um 80 Prozent gegenüber dem Stand von 1990 senken, und dies allein durch heimische Emissionsreduktionen.
- Etappenziele: Verringerung bis 2030 um 40 Prozent und bis 2040 um 60 Prozent.
- Alle Wirtschaftszweige müssen im Rahmen ihres technologischen und wirtschaftlichen Potenzials einen Beitrag leisten.

Zudem wird nun verstärkt betont, dass der Übergang zu einer CO_2-armen Wirtschaft wirtschaftlich machbar und bezahlbar sei. Trotz der Unverbindlichkeit dieses Vorschlags ist es doch bemerkenswert, dass die EU-Kommission – in direktem Widerspruch zu der US-Klimapolitik unter Trump – ein solches Langfristziel für die Mitgliedsstaaten in die Debatte einbringt. Damit knüpft sie wieder an ihre früheren Absichten an, eine globale Vorreiterrolle einzunehmen. Nach der Vorstellung der Strategie bei der COP24 in Polen sollen die zuständigen Fachminister sich mit dieser Langfriststrategie beschäftigen, bevor der EU-Gipfel im Mai 2019 hierzu Beschlüsse fasst.

5.3 Wirtschaftliche Chancen einer europaweiten Energiewende

Der am Beispiel Deutschlands skizzierte »Paradigmenwechsel« zeigt sich bei der Analyse und Bewertung einer gesamteuropäischen Energiewende ebenso deutlich. Die EU-Kommission verwendet zwar nicht den Begriff »Energiewende«, doch (wie in Kap. 5.5 dargestellt) können das »Winter Package« (2016) und die darauf aufbauende Strategie und Governance von »Clean Energy for all Europeans« (Energy Union) durchaus als ein umfassender Ansatz für eine gesamteuropäische Energiewende aufgefasst werden. Dessen makroökonomische Chancen werden von der Kommission neuerdings sehr positiv dargestellt (siehe unten), natürlich auch mit der Absicht, für eine breite Zustimmung der Mitgliedsländer zu werben. Vor allem drei Charakteristika unterscheiden den multilateralen Politikansatz der EU von einer nationalen Energiewende wie in Deutschland.

1. Wie gezeigt, erlauben es die europäischen Verträge der EU nicht, den Energiemix der einzelnen Mitgliedsländer direkt zu beeinflussen. Ein Atom- oder Kohleausstieg wie in Deutschland wäre auf gesamteuropäischer Ebene derzeit nicht mehrheitsfähig, da Frankreich (über 70 Prozent Atomstromanteil) und die Kohleländer in Osteuropa hier entschiedenen Widerstand leisten würden. Wachstum und Wohlstand ohne fossile und nukleare Energien, die Leitidee von 1980 für die deutsche Energiewende (siehe oben), bleibt für die 14 Atomenergieländer in Europa (mit immerhin noch 126 Reaktoren, Stand 1.1.2018) und für die noch erheblich von Kohle abhängigen EU-Länder (allen voran Deutschland, aber auch Polen, Tschechien, Bulgarien, Rumänien, Slowenien, Ungarn) eine Herausforderung. Deutschland ist mit 171,5 Millionen Tonnen pro Jahr noch vor China »Weltmeister bei der Braunkohleförderung« (Stand 2016). Die enorme weltweite Signalwirkung des nun anstehenden geordneten Ausstiegs aus der Braunkohle liegt auf der Hand – zumal die Nutzung importierter Steinkohle aus Gründen des Klimaschutzes bis spätestens 2050 beendet werden muss.

Vor allem in Europa kann die Vorbildwirkung von Deutschland bei einem integrierten Ausstieg aus der Kohle und der Kernenergie gar nicht hoch genug eingeschätzt werden. Insofern hätte die konsequente Umsetzung der Ergebnisse der »Kohlekommission« durchaus eine Signalwirkung, die weit über Deutschland und die betroffenen Regionen hinausgeht. Im Vorfeld der COP24 begann bereits die früher beinharte Front der sogenannten Visegrád-Gruppe (Polen, Tschechien, Slowenien, Ungarn) zu bröckeln. Ein Kommentar im angesehenen Fachblog »Klimareporter« stellte daher vielleicht etwas zu euphorisch fest: »Osteuropa plant die Energiewende« (von Brackel 2018). Immerhin wird jetzt eine neue Entwicklung in Richtung Energiewende auch in Osteuropa wahrscheinlicher. Daran wird auch deutlich, dass eine gesamteuropäische Fortschrittsvision »Energiewende« zwar durch EU-Politik ermutigt und unterstützt werden muss, aber nur erfolgreich sein kann, wenn sie auf der je nationalen Zustimmung breiter Bevölkerungskreise aufbaut und die unterschiedlichen ökonomischen und sozialen Bedingungen in den Mitgliedsländern besonders aufmerksam im Auge behält. »Just transition« ist eine Conditio sine qua non für die Europäisierung der Energiewende!

2. Wenn EU-Kommission und EU-Klimakommissar Miguel Arias Cañete von der langfristigen Leitidee einer »klimaneutralen EU« bis 2050 sprechen (vgl. Europäische Kommission 2018f), dann werden die Weiternutzung der Atomenergie und teilweise auch fossiler Energien in Verbindung mit Carbon Capture and Storage (CCS) meist in die grundlegenden Szenarien miteingerechnet. Es geht also um eine vollständige Dekarbonisierung ohne Risikominimierung bis zum Jahr 2050, das heißt ohne einen gleichzeitigen Ausstieg aus der Atomenergie wie in Deutschland. Bei aller berechtigten Ungeduld über die schleppende CO_2-Minderungsstrategie in Deutschland sollte daher berücksichtigt werden, dass die deutsche Energiewende mit der Verbindung von Risikominimierung durch den Atomausstieg bis 2022 und Dekarbonisierung bis 2050 ein ambitionierteres Ziel verfolgt.

3. Die Governance in einem Mehrebenensystem wie der EU hat ähnliche Strukturmerkmale wie der deutsche Föderalismus. Aber die Entscheidungsfindung und vor allem die Implementierungsmechanismen sind ungleich komplexer. Teils bestehen politikfeldspezifische Usancen, starke strategische Verschränkungen sowie besondere nationale Empfindlichkeiten (sensitive matters). Obwohl die Energiepolitik hier wohl ein Paradebeispiel darstellt, sollten die EU-Initiativen für eine Governance der Energieunion im Kontext einer Europäisierung der Energiewende mit vorsichtigem Optimismus bewertet werden. Immerhin sind die Leitziele für 2030 deutlich anspruchsvoller (vgl. Kap. 5.2.2.) geworden, obgleich sie für eine Dekarbonisierungsstrategie bis 2050 bei Weitem noch nicht hinreichend sind. Wenn es auch noch keine Verbindlichkeit aller Leitziele (etwa bei der Energieeffizienz) und keinen klaren Sanktionsmechanismus für Zielverfehlungen gibt, so sind doch die erweiterten und regelmäßigen Monitoring- und Reportingpflichten ein Hebel, wirksamere Instrumentenbündel und Nachweise für die makroökonomische Vorteilhaftigkeit in die nationalen »Energiewenden« hineinzutragen.

Im Winter hat die Kommission erstmalig ein sehr interessantes Strategiepapier über ihre Langfristvision in Form einer »Communication« für die relevanten EU-Akteure wie das Parlament und den Ministerrat vorgelegt: »A Clean Planet for all« (Europäische Kommission 2018a). Darin kommt der Paradigmenwechsel der Europäischen Kommission von »Klimaschutz als Kostenlast« zu »Klimaschutz als Modernisierungschance« deutlich zum Ausdruck.

Das Strategiepapier basiert auf acht Szenarien, von denen sechs in dem Dokument etwas genauer beschrieben werden: »Das Ziel dieser Langfriststrategie ist es, die Verpflichtung von Europa zu bekräftigen, eine Führungsrolle beim Klimaschutz einzunehmen und eine Vision zu präsentieren, wie eine Netto-Null-Emission von Treibhausgasen (net-zero greenhouse gas emission) bis 2050 durch eine sozial faire Transformation in einer kosteneffizienten Form erreicht werden kann. Sie unterstreicht die Chancen, die diese Transformation für die Bürger Europas und die Ökonomie anbietet, während sie gleichzeitig die

Herausforderungen identifiziert« (Übersetzung der Autoren; ebd., S. 3). In der Tat legt die Kommission damit eine Langfristanalyse zur Diskussion im Parlament und im Ministerrat vor, die den Paradigmenwechsel zu »Klimaschutz als Chance« erstmalig umfassend begründet.

Die dem Papier zugrunde liegenden Szenarien bestätigen, dass ein europäischer Beitrag zum globalen 1,5-Grad-Ziel, also ein CO_2-freies Europa bis 2050, technisch möglich und in wirtschaftlicher wie auch in sozialer Hinsicht attraktiv sein kann. Insofern liefert das Strategiepapier eine ausgearbeitete Begründung für eine hochambitionierte Implementierung des Pariser Übereinkommens durch Europa. Die folgende Abbildung zeigt am Beispiel von drei Szenarien, wie der Energiemix (Bruttoinlandsproduktion) sich bis zum Jahr 2050 bei den jeweiligen Strategien verändern könnte:

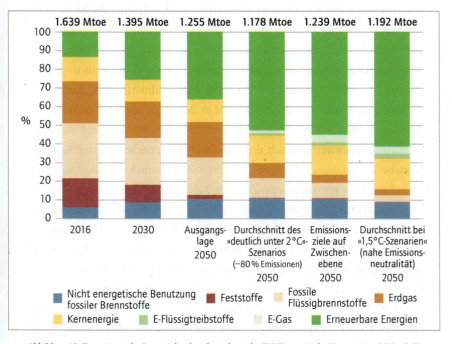

Abbildung 18: Energiemix des Bruttoinlandsverbrauchs in der EU (Europäische Kommission 2018a, S. 9).

Deutlich erkennbar ist, dass die Kommission mit wachsenden Ambitionen für das Jahr 2050 auf einen höheren Anteil erneuerbarer Energien setzt, der allerdings mit einem ebenfalls leicht steigenden Atomenergieanteil verbunden wird.

Sowohl das Umwelt- als auch das Industriekomitee des Europäischen Parlaments (ENVI und ITRE) haben die Langfristvision der EU-Kommission (a. a. O.) begrüßt. Ob die angenommene Rolle der Atomenergie allerdings im Hinblick auf die Flexibilitätsanforderungen einer variablen Stromeinspeisung, die Kosteneffizienz und die Akzeptanz nuklearer Risiken realisierbar ist, erscheint höchst zweifelhaft (vgl. auch Unterkapitel 5.2.2 zum Euratom Vertrag). Weitere Schwächen des Strategiepapiers liegen in der Annahme eines erheblichen Einsatzes von Carbon Capture and Storage (CCS), im teilweise extremen Zuwachs der Stromerzeugung (beinahe 150 Prozent bis 2050), in der umfangreichen Einrechnung von »negativen Emissionen« (durch biogene Senken, CCS, Carbon Capture and Utilization) und in der ungebrochenen Wachstumsfixierung (laut der Prognose soll das BSP bis 2050 mehr als doppelt so hoch sein) – alles Annahmen, die zu wenig kritisch hinterfragt werden.

Viele Szenarien für Deutschland sind in Bezug auf die Vermeidung beziehungsweise Begrenzung riskanter Technologien (Atom, CCS) und Strategien deutlich differenzierter. Auch die besänftigende Versicherung der Kommission, bei der Strategie gehe es nur um eine »Vision« und keineswegs um »neue Politiken« oder um »revidierte Ziele für 2030«, ist zu defensiv und packt die unvermeidlichen Zielkonflikte nicht mutig an. Doch das schmälert nicht den Verdienst der EU-Kommission: Erstmalig hat sie hier eine wissenschaftlich fundierte Langfriststrategie für einen ambitionierten europäischen Klimaschutz vorgelegt, die differenziert und prägnant auf die technischen, aber auch auf die sozioökonomischen Implikationen einer Transformation eingeht.

Deutlich wird dies vor allem an den makroökonomischen Eckpunkten und Ergebnissen der Szenarienanalyse im Strategiepapier: Hinsichtlich der ökonomischen Bewertung hält die Kommission ihre Langfriststrategie für einen Weg

zu einer »wohlhabenden, modernen, wettbewerbsfähigen und klimaneutralen Ökonomie« (Europäische Kommission 2018c). Zur Begründung wird auf das zusammengefasste Ergebnis aus acht Szenarien verwiesen. Makroökonomische Eckpunkte sind dabei:
- Halbierung des gesamten EU-Energieverbrauchs bis 2050
- Anhebung der derzeitigen energierelevanten Investitionsquote (in Bezug auf das BSP) von derzeit 2 Prozent auf 2,8 Prozent; dies bedeutet zusätzliche jährliche Investitionen zwischen 175 und 290 Milliarden Euro bis 2050
- Reduktion der derzeitigen Energieimportrechnung von 266 Milliarden Euro um 70 Prozent bis 2050. Über den gesamten Zeitraum bis 2050 kumuliert, könnte daher eine Summe von 2–3 Billionen Euro aus der Energiekosteneinsparung in die ökologische Modernisierung investiert werden
- Reduzierung der vorzeitigen Todesfälle durch fossil bedingte Luftverschmutzung (derzeit etwa eine halbe Million) um 40 Prozent und Verringerung der Krankheitsschadenskosten um rund 200 Milliarden Euro pro Jahr
- Darüber hinaus geht die Kommission von der Schaffung von 900.000 zusätzlichen Jobs aus.

Die große Aufgabe, die jetzt ansteht, ist, mit vergleichbarer Szenarienmethodik, abgestimmter Datenbasis und Zielsetzung die Ergebnisse im Hinblick auf die einzelnen Mitgliedsländer zu spezifizieren. Denn nur wenn es gelingt, nicht nur die gesamteuropäischen Vorteile einer »Energiewende« aufzuzeigen, sondern auch den konkreten wirtschaftlichen und sozialen Nutzen in den Mitgliedsländern zu verdeutlichen, wird die Langfriststrategie der Kommission europaweite Strahlkraft entfalten.

Leider gibt es noch wenig länderspezifische Analysen, die in allen 28 EU-Ländern die Vorteile einer nationalen Energiewende unter den jeweils länderspezifischen Randbedingungen überzeugend aufzeigen. Ansätze dazu sind jedoch vorhanden, etwa in Hinblick auf die Quantifizierung möglicher Arbeitsplatzeffekte. Aufschlussreich ist hier ein Szenario, das 100 Prozent erneuerbare Energien für sämtliche EU-Staaten anstrebt (Heinrich Böll Stiftung u. a. 2018).

Es geht davon aus, dass in Deutschland 1,56 Millionen zusätzliche Jobs durch erneuerbare Energien geschaffen werden könnten, gefolgt von Italien mit 907.000, Frankreich mit 682.000, UK mit 372.000 und Belgien mit 367.000

Abbildung 19: Energiemix 2050 (Heinrich Böll Stiftung u. a. 2018, S. 22). Grafik: Bartz/Stockmar, CC BY 4.0

neuen Stellen. Dies würde vor allem durch Wind- und Solaranlagen, aber auch durch Solarthermie, Geothermie und Wasserkraft möglich. Das folgende Bild gibt einen Überblick:

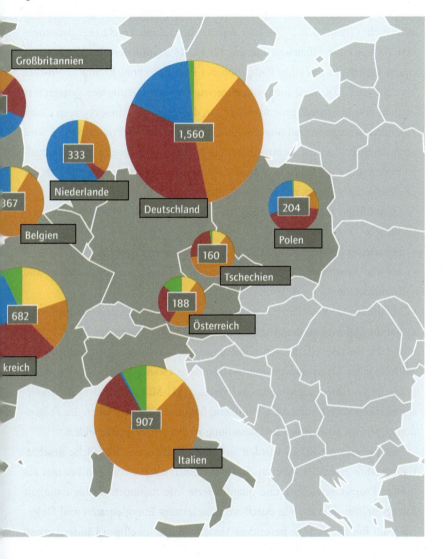

Ein wesentlicher Schritt in Richtung einer »Quantifizierung länderspezifischer Benefits und Co-Benefits« durch ambitionierte Energieeffizienzpolitik erfolgte durch das COMBI-Projekt, das die vielfältigen Vorteile der Steigerung der Energieeffizienz für alle europäischen Mitgliedsstaaten erstmalig differenziert untersucht (Thema u. a. 2018). Hier werden die multiplen nicht energiebezogenen Vorteile einer Effizienzsteigerung für EU 28 quantifiziert. Im Vergleich zu einem Szenarium mit einer Reduktion des Energieverbrauchs von 27 Prozent bis zum Jahr 2030 wird hier eine ehrgeizigere Verringerung des Energieverbrauchs von 33 Prozent prognostiziert. An den enormen Auswirkungen dieser scheinbar geringen Anhebung des Effizienzziels um nur 6 Prozentpunkte wird auch deutlich, dass die Kontroversen um höhere EU-Zielwerte von essenzieller Bedeutung sind – natürlich immer vorausgesetzt, dass gleichzeitig auch der gesellschaftliche Druck zur gewissenhaften Umsetzung wächst.

Quantifiziert und – soweit möglich – auch monetarisiert wurden die Auswirkungen
- reduzierter Emissionen auf Gesundheit, Ökosysteme und Crops
- auf die Einsparung biotischer/abiotischer Ressourcen wie Metalle und Nichtmetalle
- auf die soziale Wohlfahrt (etwa verfügbares Einkommen und Gesundheit)
- auf die Makroökonomie (Arbeitsmarkt, öffentliche Haushalte, BSP)
- auf das Energiesystem (Netze, Energieangebot, Versorgungssicherheit).

Mithilfe einer Open-Source-online-Datenbasis (Stand: Mai 2018) und durch grafische Visualisierung können die jeweiligen EU-Mitgliedsländer ihre länderspezifischen Vorteile und auch Politikempfehlungen herunterladen. Im Folgenden zeigen wir als Beispiel die Darstellung zu den Arbeitsplatzeffekten.

Für die gesamte EU 28 wurden so etwa 2,3 Millionen zusätzliche Beschäftigungsjahre errechnet. Aber auch die einzelnen Mitgliedsstaaten können aus diesem Projekt detaillierte und quantifizierte Informationen für die nationale Energiepolitik ableiten, wie durch ambitionierteres Energiesparen und Steigerung der Energieeffizienz besondere Vorteile in den jeweiligen Ländern erzielt werden können. Für das »Marketing der Energiewende« finden sich in dieser Datenbank also handfeste empirische Argumente.

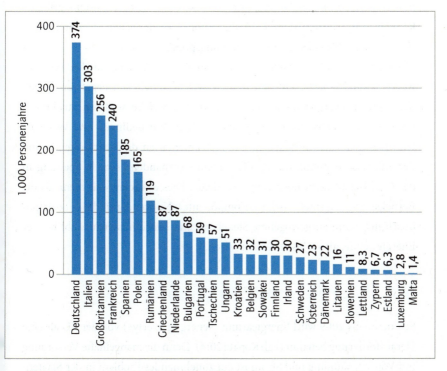

Abbildung 20: Direkte (kurzfristige) Arbeitsplatzeffekte in 1.000 Personenjahren (COMBI project 2018).

Auch die Analyse von Verteilungswirkungen auf Branchen und Verbrauchergruppen hat stark an Bedeutung gewonnen. Energiearmut wird inzwischen als Massenphänomen wahrgenommen (siehe Kap. 5.4). Denn es gibt nicht nur »Co-Benefits« der Energiewende. Auch die Minimierung von »Co-Verlusten«, also die Vermeidung und das sozialverträgliche Handling von Zielkonflikten, müssen genauer untersucht und berücksichtigt werden.

Spätestens seit der Einrichtung der »Kohlekommission« hat in Deutschland die Aufmerksamkeit für mögliche negative Folgen des Strukturwandels zugenommen. Die durch die Benzinpreiserhöhungen ausgelösten Massenproteste der »Gelbwesten« in Frankreich waren bisher das deutlichste Signal, dass Energiewende und Klimaschutz nur im Sinne einer »Just Transition« gelingen können. Das erfordert (Um-)Verteilungspolitik in Bereichen wie der Steuer-, Sozial-, Bau-, Bildungs- und Beschäftigungspolitik.

Generell muss bei Verteilungsfragen im Zusammenhang mit der Energiewende sorgfältig unterschieden werden, welche möglichen negativen Folgen nachweisbar energie(wende)bedingt sind und welche weiteren strukturellen Ursachen vorhandene Ungleichheit und Armut bedingen und verschärfen. Betont werden muss dabei: Die Instrumentarien der Energiewende und der Klimaschutzpolitik dürfen die ohnehin vorhandene soziale Spaltung in der Gesellschaft nicht noch weiter vertiefen. Dies erfordert weit mehr als die Berücksichtigung einer »sozialen Komponente«: Notwendig sind eine sozialpolitisch insgesamt ausgewogenere Steuerung und Instrumentenauswahl bei der Energiewende, als sie bisher üblich waren.

5.4 Energiearmut bekämpfen

Seit dem Jahr 2009 wird Energiearmut (»energy poverty«) von der EU als eine Herausforderung benannt (vgl. Kopatz 2014). Denn die mangelhafte Versorgung mit Wärme, Kühlung und Strom ist ein zunehmendes Problem in der Staatengemeinschaft. Dies wird auch von der EU-Kommission neuerdings genauer dokumentiert (vgl. Europäische Kommission 2018e). Auch im EU-Flaggschiffprojekt »Clean Energy for all Europeans« (November 2016) wird das Problem explizit genannt. Die Kommission schätzt, dass mehr als 50 Millionen Haushalte in Europa davon betroffen sind:

> »Mehr als 50 Millionen Haushalte in der Europäischen Union haben Schwierigkeiten, ausreichend Wärme zu erwerben, ihre Stromrechnung pünktlich zu bezahlen und in Wohnungen zu leben, die frei von

Feuchtigkeit und Schimmel sind. Das Bewusstsein für Energiearmut nimmt in Europa zu und wurde von einer Reihe von EU-Institutionen als vorrangiges Politikthema eingestuft, vor allem im Rahmen des Legislativpakets der Europäischen Kommission ›saubere Energie für alle Europäer‹« (Europäische Kommission 2018e).

Das Winterpaket der EU-Kommission legt daher auch einen stärkeren Fokus auf Verbraucher und soziale Aspekte der Energiewende. Die Mitgliedsstaaten sollen bei der Senkung der Energiekosten der VerbraucherInnen durch Investitionen in Energieeffizienz unterstützt werden. Auch in den integrierten Energie- und Klimaplänen sollen die Mitgliedsstaaten ihre Maßnahmen gegen Energiearmut ausdrücklich berücksichtigen

Im französischen Programm »Habiter Mieux« gegen Energiearmut bekommen einkommensschwache Haushalte von der nationalen Agentur für Wohnungswesen einen Teil der energetischen Sanierungskosten erstattet. Außerdem erhalten sie eine Prämie und können für einen Heizungsaustausch finanzielle Hilfen beantragen. Ziel ist es, bis zu 25 Prozent Energie einzusparen. Außerdem können sie zusätzlich Förderung für einen Heizungsaustausch beantragen (vgl. Agence nationale de l'habitat o. J.).

Auch in Deutschland wächst die Energiearmut, und wenn hier nicht gegengesteuert wird, wird sie die ohnehin schwierige soziale Situation von einkommensschwachen Haushalten weiter verschärfen. Laut Angaben der Bundesregierung lebten 2017 15,7 Prozent der Bevölkerung (also etwa 13 Millionen) in Armut oder an der Armutsgrenze (vgl. Armutsbericht der Bundesregierung, zitiert in Heidenfelder 2018).

Völlig inakzeptabel ist es, dass 2017 laut Angaben der Bundesnetzagentur circa 330.000 Strom- und 40.000 Gassperren verhängt wurden, weil die Haushalte ihre Rechnung nicht bezahlen konnten. Hierzu muss man wissen, dass Haushalte mit geringem Einkommen 8,8 Prozent für Energieprodukte ausgeben – also 3 Prozent mehr als der Durchschnitt (vgl. Jahn und Ecke 2019). »Je nach Definition und Berechnungsmethode fallen in Deutschland zwischen 8 und 25 Prozent der VerbraucherInnen in die Kategorie der Energiearmut« (ebd., S. 4). Obwohl das Problem damit klar umrissen ist, hat sich die Bundesregierung sogar geweigert, einer EU-Verpflichtung nachzukommen und systematisch Daten zur Energiearmut zu sammeln (vgl. Schultz 2018). Daher muss die EU den Druck auf alle Mitgliedsländer verstärken, nicht nur Daten zu erheben, sondern vor allem gezielte Programme und Maßnahmen zur Reduzierung von Energiearmut durchzuführen.

Ein vorbildliches, wenn auch längst nicht flächendeckendes Projekt in Deutschland ist der Stromsparcheck der Caritas in Kooperation mit dem Bundesverband der Energie- und Wasserwirtschaft und den Klimaschutzagenturen. An mehr als 150 Standorten werden Langzeitarbeitslose zu StromsparhelferInnen ausgebildet und besuchen die Haushalte von SozialleistungsempfängerInnen und Menschen mit niedrigen Einkommen. Nach einem Stromsparcheck können kostenlos LEDs, Thermo- und Hygrometer, Wasserstrahlregler und -sparduschköpfe sowie schaltbare Steckerleisten ausgetauscht werden. In den bisher beratenen 271.000 Haushalten wurden durchschnittlich 152 Euro Energiekosten pro Jahr eingespart. Zusätzlich können entsprechende Haushalte einen 150-Euro-Gutschein für den Kauf energieeffizienter A+++-Kühlgeräte erhalten. Die Aktion wird vom Bundesministerium für Umwelt, Naturschutz und nukleare Sicherheit (BMU) finanziert (vgl. Caritas 2019).

Auch ein Vorschlag von Jahn und Ecke (2019) geht in die richtige Richtung: Sie fordern, die Preise für die teure Grundversorgung, die ein zusätzlich verschärfender Faktor für Energiearmut sind, durch Ausschreibung zu senken. Die Autoren »schätzen, dass dies die VerbraucherInnen um ca. 1,15 Milliarden Euro jährlich entlasten könnte. Je nach Ausgestaltung der Ausschreibung könnten auch weitere Ziele adressiert werden, wie etwa eine gezielte Bekämpfung der Energiearmut durch Effizienzinvestitionen oder eine Förderung der Energiewende« (ebd., S. 2).

6. Transformationsstrategien für eine europäische Energiewende

Die Umsetzung einer europäischen Energiewende ist ein komplexer und langwieriger Prozess, der in den Mitgliedsländern im Rahmen der EU-Zielvorgaben und der EU-Direktiven durch einen nationalen Instrumentenmix unter aktiver Beteiligung von Stakeholdern auf der regionalen und kommunalen Ebene vollzogen werden muss. Insofern geht es um die Etablierung einer neuen »polyzentrischen Governance«, also auch um ein neues Verständnis des energiepolitischen Subsidiaritätsprinzips. Der nur teilweise verbindliche EU-Rahmen (Richtlinien), nationale Zielsetzungen und Aktionsprogramme, institutionelle Innovationen (etwa Energieeffizienzagenturen) sowie die Etablierung einer klaren Prozess- und Steuerungsverantwortung auf den jeweiligen politischen Ebenen von EU, Nationalstaaten sowie Regionen und Kommunen müssen neu austariert werden. Um die quantifizierten gemeinschaftlichen Zukunftsziele des Klimaschutzes (2020/2030/2050) zu erreichen, muss aus den Initiativen ein koordiniertes, kontinuierlich evaluiertes und mehrheitlich akzeptiertes »gesamteuropäisches Gemeinschaftswerk« werden.

Dies ist in der Tat ein anspruchsvolles Projekt mit epochaler Dimension. Wenn es gelingt, würde das auf globaler Ebene die Umsetzung des Pariser Übereinkommens zweifelsohne beflügeln. Denn eine erfolgreiche Umsetzung einer EU-Governance der Energie- und Klimaschutzpolitik könnte einen enormen internationalen Lerneffekt auslösen. Und dies auch für ein so gigantisches Multiebenensystem wie China mit seinen 22 Provinzen, fünf autonomen Gebieten, 333 Bezirken, 2.853 Kreisen, 40497 Gemeinden und unzähligen Dörfern.

Im abschließenden Abschnitt wollen wir einige strategische Implementierungsschritte näher beleuchten, die eine europäische Energiewende voranbringen könnten.

6.1 Kernelemente einer Energieeffizienzpolitik

Hier soll nicht versucht werden, die vielfältigen Untersuchungen über geeignete Maßnahmen und Instrumente der Energie- und Klimaschutzpolitik zusammenzufassen. Vielmehr werden die Energieeffizienzpolitik und deren Weiterentwicklung im Fokus stehen. Hierzu gibt es eine kaum noch überschaubare Vielzahl von Programmen und Maßnahmen sowie weitere Vorschläge und gute Beispiele (vgl. Ecofys German 2017). Dennoch steht der Lackmustest noch aus: In keinem Land der Welt wurde bisher bewiesen, dass das, was aus Klimaschutzgründen notwendig und in technisch-ökonomischer Hinsicht an Einsparung möglich ist, auch in der Realität erreicht werden kann. Die europäische Energieeffizienzpolitik hat mit den oben erwähnten Direktiven in höherem Maße als Deutschland wegweisende Weichenstellungen gesetzt. Doch zwischen den errechneten machbaren Zielen und der Realität klaffen weiter erhebliche Umsetzungslücken.

Kleine graduelle Ergänzungen zu den heute schon überkomplexen Maßnahmen- und Instrumentenpaketen der Energieeffizienzpolitik reichen zur Schließung dieser Lücken nicht mehr aus: Energieeffizienzpolitik muss institutionell sowie hinsichtlich der Personalkapazitäten und Ressourcen erheblich aufgewertet werden. Die Effektivität muss durch einen stärkeren Fokus auf Standards und Gebote für die Produktionsseite erhöht werden. Die Eco-Design-Richtlinie weist hier in die richtige Richtung (vgl. auch die grundsätzlich positive Bewertung durch den Verband Deutscher Maschinen- und Anlagenbau (VDMA 2015)). Denn verlässliche und langfristig angekündigte ambitionierte Standardsetzungen wirken flächendeckend, sind vergleichsweise preisgünstig, stimulieren Innovationen und beeinträchtigen die Wettbewerbsfähigkeit vorausschauender Unternehmen nicht, wenn sie zumindest auf dem großen EU-Binnenmarkt in gleicher Weise für alle Wettbewerber gelten.

6.1.1 Ein quantitatives Plädoyer für eine »Neue Energieeffizienzpolitik«

Alle reden von »Energy Efficiency First«, aber niemand weiß, was das ist. So könnte man es pointiert formulieren. Hier wird die These vertreten, dass die extrem herausfordernde Dimension einer Energieeffizienzstrategie für den Klima- und Ressourcenschutz weder quantitativ klar und noch weniger in eine zieladäquate Governance der Energieeffizienzpolitik überführt worden ist. Das Ziel, den Energiemarkt, einen der wichtigsten Teilmärkte hochindustrialisierter Länder, in Deutschland und in ganz Europa bis 2050 zu halbieren, ist eine noch größere Herausforderung, als fossile und nukleare Stromerzeugung durch Strom aus erneuerbare Energien zu ersetzen! Das gewohnte wirtschaftspolitische Credo lautet »Märkte wachsen«, aber ein sozial- und wirtschaftsverträgliches Zurückschrumpfen als energiepolitischer Imperativ ist auch steuerungsbezogen absolutes Neuland. Dafür gibt es bisher weder historische Erfahrungen noch einen adäquaten Politikmix. Ein breiter gesellschaftlicher Dialog darüber ist daher dringend notwendig. Dass sich der »freie« Energiemarkt ohne klare und neue politische Rahmensetzung selbstregulierend bis 2050 halbieren könnte, ist reine Traumtänzerei und lenkt nur von der Notwendigkeit ab, über einen innovativeren und intelligenteren Politikmix für »Energy Efficiency First« nachzudenken.

Die quantitative Dimension des Prinzips »Energy Efficiency First« für die Entwicklung des europäischen Energieverbrauchs und für eine erfolgreiche Klimapolitik hat eine aktuelle Studie eindrucksvoll dargestellt (vgl. Fraunhofer ISI 2019). Dabei wurde eine offizielle Prognose der EU-Kommission zum zukünftigen Energieverbrauch im Jahr 2050 (»Referenzfall«) (vgl. Europäische Kommission 2016) mit drei alternativen Entwicklungspfaden verglichen:

a) Abbau von Markthemmnissen (»Abbau«)
b) Neue Trends (effizient) (»Trends +«)
c) Neue Trends (ineffizient) (»Trends – «)

Das Ergebnis dieses Vergleichs ist frappierend. Die einzelnen Alternativen werden in dem folgenden Schaubild (Abb. 21) gegenübergestellt.

Das Szenario »Abbau« zeigt, dass – ähnlich wie in Deutschland – auch in der EU im Vergleich zu einer Referenzentwicklung bei der Erschließung heute bekannter Energiesparpotenziale insgesamt etwa 50 Prozent Endenergie bis 2050 eingespart werden können. Bei dieser methodisch üblichen Gesamteffizienzanalyse berücksichtigen die Forscher im Detail die heute schon bekannten technisch-wirtschaftlichen Energiesparpotenziale durch Effizienztechniken in allen Sektoren etwa für energieeffiziente Gebäude, Fahrzeuge, Prozesse, Geräte.

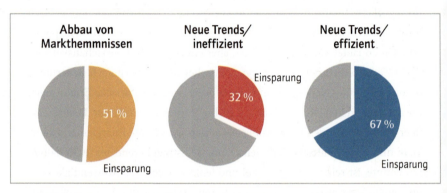

Abbildung 21: Einsparung an EU-Endenergie im Jahr 2050 bei unterschiedlichen Energiesparstrategien (vgl. Fraunhofer ISI 2019).

So weit deckt sich das Ergebnis auch mit den hier gezeigten repräsentativen Szenarienanalysen für Deutschland im Jahr 2050 (vgl. Kap. 4.3).

Interessant und innovativ ist darüber hinaus der Versuch, die Energiewirksamkeit neuer sozialer Trends unter unterschiedlichen sozioökonomischen Rahmenbedingungen und politischen Interventionen zu quantifizieren.

Die Studie unterscheidet vier Cluster neuer sozialer Trends:
a) die Digitalisierung (bei Produkten und Prozessen)
b) neue soziale und ökonomische Modelle (etwa »Sharing Economy«, soziale Disparitäten/Energiearmut, mehr Finanzierung grüner Optionen)

c) industrielle Transformation (etwa Reindustrialisierung, Kreislaufwirtschaft, industrielle Dekarbonisierung)

d) Lebensqualität (etwa Gesundheitseffekte, Regionalisierung, Urbanisierung)

Es liegt auf der Hand, dass die Datenbasis zur Quantifizierung der möglichen positiven oder negativen Energieeffekte dieser Cluster weiterer intensiver Forschung bedarf und derzeit nur eine erste Schätzung möglich ist. Es geht also um die Größenordnung der abgeschätzten Auswirkungen, die aber bereits eine zentrale energiepolitische Botschaft erlaubt: Die genannten neuen sozialen Trends können stark unterschiedliche Auswirkungen auf den Energieverbrauch und den Klimaschutz haben, je nachdem, wie Politik, Wirtschaft und Zivilgesellschaft damit umgehen. Die Studie sagt: »Ein Anstieg des Energieverbrauchs könnte insbesondere das Ergebnis neuer gesellschaftlicher Trends sein, die nicht von einer Politik begleitet werden, die eine starke Umsetzung des ›Energy Efficiency First‹-Prinizps beinhaltet.« (ebd., S. 2). Wir fassen diese nüchterne Aussage in unseren Worten zusammen: Ungebremste Wachstums-, Lebensstil- und Reboundeffekte können einen Großteil des technisch erreichbaren Energiesparpotenzials wieder zunichtemachen (»Neue Trends/ineffizient«). Aber auch das Gegenteil ist möglich: Bei förderlichen Rahmenbedingungen (etwa Ermöglichung und Anreize für Verhaltensänderung) können neue soziale Trends zu einer geradezu revolutionären zusätzlichen Energieverbrauchsminderung von 67 Prozent (»Neue Trends/effizient«) beitragen. Man kann es noch zugespitzter formulieren: Die reale Ausgestaltung und eine zielorientierte Umsetzung des »Energy Efficiency First«-Prinzips ist entscheidend dafür, ob in Europa und anderswo eine Energiewende und ausreichender Klimaschutz gelingen oder nicht. Selten wurde die Notwendigkeit einer vorausschauenden Energieeffizienz- und Suffizienzpolitik so einprägsam belegt wie durch diese quantitative Abschätzung.

Vor diesem Hintergrund kann es im Folgenden nur darum gehen, beispielhaft einige Prinzipien und Maßnahmen herauszugreifen, die bei einer Europäisierung der Energiewende eine besondere Rolle spielen können. Zwischen Experten besteht Konsens, dass die vielfältigen Hemmnisse vor allem hinsichtlich der

Effizienz- und Suffizienzpolitik nur mit Politikpaketen (»Policy-Mix«) abgebaut beziehungsweise überwunden werden können. Die nachfolgend ausgewählten Strategien, Maßnahmen und Instrumente (Policies) sehen wir daher als notwendige Bestandteile, aber keinesfalls als eine abschließende Systematik eines »idealen Policy Mix«. Diesen jedoch zu entwickeln ist dringend geboten: Eine europäische Expertengruppe sollte daher nach der Europawahl im Mai 2019 hierfür das Mandat sowie die notwendige Zeit und ein angemessenes Budget für Materialsammlung und Studien erhalten.

6.1.2 Energieffizienz- und -suffizienzpolitik integrieren

Ohne eine veritable Effizienzrevolution ist ausreichender Klimaschutz eine Illusion (vgl. hierzu zum Beispiel Hennicke und Welfens (2012)). Aber Wachstums-, Lebensstil- und Reboundeffekte können einen erheblichen Teil der Effizienzgewinne wieder zunichtemachen, wenn hier nicht gegengesteuert wird (vgl. Santarius 2015). Dringend erforderlich ist daher eine integrierte Effizienz- und Suffizienzpolitik, die mögliche kontraproduktive Energiesparverluste bei forcierter Effizienzpolitik antizipiert und sie in eine breitere Agenda der Förderung und Ermutigung nachhaltiger Produktions- und Konsumweisen einbindet. Mit dem Begriff »Suffizienzpolitik« soll einerseits deutlich gemacht werden, dass auch durch vorbildliche individuelle Verhaltensänderungen auf der Verbraucherseite der notwendige Strukturwandel des »fossil-industriellen Komplexes« auf der Erzeugerseite nicht oder nur sehr begrenzt erreichbar ist. Hierzu sind klare Standards und verstärkte Regulierung (»Ökoroutinen«) notwendig (vgl. auch Kopatz 2016). Andernfalls könnte durch wohlfeile Appelle an die »Verbraucherverantwortung« immer leicht davon abgelenkt werden, dass die Hauptverursacher nicht wirklich von »der Politik«, also durch Intervention auf der Produktionsseite, zur Verantwortung gezogen werden.

Die genaue Abgrenzung zwischen Energieeffizienz und Energiesuffizienz ist umstritten und Gegenstand der wissenschaftlichen Diskussion. Pragmatisches energiepolitisches Ziel ist jedenfalls, durch flankierende Suffizienzpolitik zu vermeiden, dass intendierte Einsparerfolge nicht oder nicht im vollen Umfang realisiert werden. Darby und Fawcett (2018) schlagen eine anspruchsvollere Arbeitsdefinition für den Begriff der Energiesuffizienz vor: »Energiesuffizienz ist der Zustand, in dem die Grundbedürfnisse der Menschen nach Energiedienstleistungen gerecht erfüllt werden und ökologische Grenzen eingehalten werden«. Mit dem Bezug auf »Grundbedürfnisse« sind hier die komplizierten Fragen und die Konnotation von Suffizienz angesprochen: Gibt es ein »Genug« in Bezug auf nachhaltige Produktion und Konsum (»Grenzen«), und wenn ja, »wie viel wäre genug und für wen« (»gerechte Verteilung«)? An dieser Stelle soll auf eine Diskussion der Vor- und Nachteile bestimmter Definitionen von Energiesuffizienz verzichtet werden. Basierend auf Bertoldi (2017), werden stattdessen ausgewählte Politikinstrumente vorgestellt, die in pragmatischer Weise helfen können, nicht nur die Energieeffizienz zu erhöhen, sondern auch den absoluten Energieverbrauch zu senken (vgl. hierzu auch Thomas et al. 2018).

Diese Ansätze sind noch viel zu wenig in eine europäisierte Energiewendepolitik eingeflossen, wobei hier keine Einschätzung formuliert werden kann, welche der möglichen Maßnahmen gegenwärtig in den europäischen Institutionen mehrheitsfähig wäre. Bertoldi (2017) nennt unter anderem die folgenden Instrumente, die bewirken können, dass eine Erhöhung der Energieeffizienz auch mit einer deutlicheren Senkung des Energieverbrauchs einhergeht und nicht teilweise durch größere Geräte, größere Wohnfläche oder geändertes Nutzungsverhalten kompensiert wird:

- **Energie- beziehungsweise CO_2-Besteuerung**: Eine europaweit harmonisierte Energie- oder CO_2-Besteuerung ist eine Schlüsselmaßnahme zur flächendeckenden Reduktion des Energieverbrauchs und der CO_2-Emissionen. Eine sozial-ökologische Transformationswirkung hängt allerdings stark von der konkreten Ausgestaltung ab, auf die daher weiter unten ausführlicher eingegangen wird.
- **Durchführung von Informationskampagnen**: Informationskampagnen können durch Aufklärung und Appell an das ökologische und soziale

Bewusstsein dazu beitragen, dass Energieverbraucher Klarheit über den Einfluss ihres Kauf- und Nutzungsverhaltens gewinnen und Schritte ergreifen, ihren Energieverbrauch zu senken.

- **Förderung von Feedbackgeräten:** Feedback-Geräte liefern Energieverbrauchern jederzeit Informationen zum aktuellen Energieverbrauch und helfen so, Ansätze für geändertes Energieverbrauchsverhalten zu identifizieren.
- **Progressive Mindeststandards:** Mindeststandards für die Energieeffizienz, wie sie die Öko-Design-Richtlinie bereits vorschreibt, könnten in Zukunft progressiv gestaltet werden. Dann müsste beispielsweise eine größere Wohnung, ein größerer Kühlschrank, ein schwereres Auto einen höheren Mindeststandard erreichen als die entsprechend kleinere Version. Dies würde dazu beitragen, dass die Einsparungen durch höhere Energieeffizienz in Zukunft in geringerem Maße durch den Kauf größerer Wohnungen, Geräte oder Autos kompensiert werden.

Die Umsetzung dieser Vorschläge wäre ein Schritt in die richtige Richtung. Für den notwendigen Paradigmenwechsel zum Prinzip »Energy Efficiency First« in Verbindung mit Suffizienzpolitik sind sie aber nicht ausreichend.

6.1.3 Priorisierung von Standards und Regulierung der Produktionsseite zur Etablierung von »Ökoroutinen«

Große gesellschaftliche Verhaltensshifts haben viele Ursachen und Triebkräfte. Preisanreize, Information, Kommunikationsstrategien und die Förderung vorbildlicher individueller Verhaltensänderung beim Verbraucher genügen aber nicht, um einen wirklichen Wandel herbeizuführen (vgl. auch Kopatz 2016). Das gilt für alle grundlegenden Strukturkomponenten im Strom-, Gebäude- und Verkehrssektor (wie Stromnetze, Kraftwerke, ICT-Konfigurationen, Straßen und Schienentrassen, aber auch Fahrzeugflotten), deren angebotsgetriebene Infrastrukturen selbst durch vorbildlichstes Verbraucherverhalten nicht zielorientiert änderbar sind. Notwendig, wirksamer und oft auch kostengünstiger sind Vorgaben (Mindeststandards, Grenzwerte, Regulierung) auf der

Produktionsseite – auch wenn sie von den betroffenen Branchen zunächst heftig attackiert werden. Die neuen EU-Vorgaben für CO_2-Grenzwerte bei PKWs sind ein Beispiel, wie die gesamte europäische Autoindustrie – mit langen Ankündigungs- und Umstellungszeiträumen – durch Verbrauchsstandards zur Herstellung einer klimaverträglicheren PKW-Flotte veranlasst wird. Ein anderes Beispiel: Die Öko-Design-Richtlinie regelt inzwischen fast »geräuschlos« die Reduzierung der Umweltauswirkungen für 37 energieverbrauchsrelevante Produktgruppen (von der Beleuchtung bis zur Raumlufttechnik) – und dies unter Berücksichtigung des gesamten Lebensweges sowie des Produktdesigns (vgl. UBA 2018).

6.1.4 Feebates

Die gesellschaftliche Akzeptanz für eine Abgabe auf ein umweltschädliches Produkt (»Malus«) wächst, wenn aufkommensneutral ein Bonus aus den Einnahmen für den Kauf und die raschere Markteinführung umweltverträglicher Alternativen gezahlt wird. Solche Systeme gibt es etwa beim Autokauf in Frankreich (vgl. Französische Botschaft 2017) oder indirekt bei vielen (Kfz-)Versicherungen. Auch bei Markteinführungsprogrammen für hocheffiziente Haushaltsgeräte könnten solche Systeme von den örtlichen Energieversorgungsunternehmen eingesetzt werden. Ein deutlich spürbarer Malus beim Kauf von hochgerüsteten SUVs könnte deren steigenden Anteil an der Fahrzeugflotte bremsen und gleichzeitig aufkommensneutral ein angemessenes »Downsizing« auf vernünftige PS-Stärken aus den Einnahmen fördern. Meistens heißt es scheinbar resignierend: »Die Deutschen lieben eben immer stärkere Autos!« Aber die ganze Wahrheit lautet: Die Hersteller lieben die ertragsstarken SUVs. Im Jahr 2018 »dürften ertragsstarke SUVs weltweit mehr als 50 Prozent der gesamten Fahrzeugverkäufe ausmachen« (Menzel 2017). Es ergibt daher Sinn, eine schrittweise EU-weite Flottenverbrauchssenkung mit einem nationalen Bonus-Malus-System zu koppeln, weil damit der Anreiz für Hersteller wie Käufer zum Umstieg auf klima-und sozialverträglichere Automobilität verstärkt wird.

6.1.5 Energieanbieter zu Einsparpolitik verpflichten

Solange die Energieanbieter direkt (etwa über Werbung und Tarifanreize) das Energiesparen behindern und nicht selbst aktiv vorantreiben, stehen die notwendige Umsetzungsintensität und -geschwindigkeit für die Erreichung der Energiesparziele infrage. Art. 7 der Energieeffizienzrichtlinie (EED) der EU ermöglicht den Mitgliedsstaaten ausdrücklich, Verteiler und Anbieter von Energie mit verbindlichen Energiesparvorgaben in die Energiesparpolitik einzubeziehen (sogenannte Energy Efficiency Obligation Schemes; vgl. Europäische Kommission 2017). Hiervon wird erst in 14 Ländern der EU Gebrauch gemacht, und dies zumeist in bescheidenem Ausmaß (gegenüber 24 Bundesstaaten der USA; vgl. IEA 2017). Durchaus erfolgreich sind dabei zum Beispiel in Dänemark, Frankreich, Italien. Vor allem Deutschland hat hier Nachholbedarf. Durch einen Kostendeckungsmechanismus (»cost recovery mechanism«) und Anreizregulierung (Garantierendite für die Programmkosten erfolgreicher Energiesparprogramme von Energieversorgungsunternehmen (EVU)) kann erreicht werden, dass auch Energieanbieter von der Umsetzung solcher Programme bei ihren Kunden profitieren.

6.1.6 »Polyzentrische Governance« der Effizienzpolitik

Die Energiewende wird in letzter Instanz vor Ort, in den Städten, den Gemeinden und den Regionen umgesetzt. Die Rahmensetzung durch die EU-weite und jeweilige nationale Politik muss durch regionale/kommunale Energieagenturen, Unternehmensnetzwerke, Verbraucherberatung, Formen der Bürgerbeteiligung und Bürgerfinanzierung (etwa örtliche Nachhaltigkeitsfonds in Verbindung mit Sparkassen) getragen werden. Regionale Wirtschafts- und Sozialräte (siehe 6.1.8) könnten dabei eine wichtige Rolle spielen. So wie zwischen der EU und ihren Mitgliedsländern das Subsidiaritätsprinzip mit neuem Inhalt zur Implementierung der Energiewende gefüllt werden muss, so ist das auch für das Verhältnis der nationalen Regierungen – im Rahmen einer polyzentrischen Governance – zu den ortsnahen Stakeholdern und Institutionen erforderlich.

6.1.7 Förderung von nationalen Energieeffizienzagenturen

Die erheblichen Umsetzungslücken gegenüber den Effizienzzielen in EU-Ländern (besonders auch in Deutschland) erfordern institutionelle Innovationen und eine genauere Mandatierung der Prozess-, Koordinierungs- und Steuerungsverantwortung der Energieeffizienzpolitik. Selbst hochkompetente und motivierte Abteilungen in einschlägigen Ministerien der Mitgliedsländer sind dieser überaus komplexen Aufgabe nicht gewachsen. Die EU sollte daher die Nationalstaaten ermutigen und dabei unterstützen, nationale Energieeffizienzagenturen aufzubauen, denen von den Parlamenten die Prozessverantwortung für die Konzipierung, Steuerung, Koordinierung, Förderung und Evaluierung der Energieeffizienzpolitik übertragen wird. Diese Agenturen benötigen eine angemessene Personalausstattung und – soweit möglich – auch eigene Ressourcen für Anreize und Programme (vgl. Wuppertal Institut 2013).

6.1.8 Räte sozial-ökologischer Transformation

Für die Transformation des Energiesystems steht außer Frage, dass die Rechte und Entscheidungsfindung von gewählten Parlamenten auf allen Ebenen (EU, Nationalstaaten, Länder und Gemeinden) gestärkt und revitalisiert werden sollten. Hier ist nicht der Ort, um fundiert über Konzepte und Maßnahmen nachzudenken, wie der teilweise krisenhaften Entwicklung von Demokratie und Parlamentarismus in Europa entgegengewirkt werden könnte.

Immer deutlicher wird aber ein wesentlich neues Moment, was den wachsenden Wunsch sehr unterschiedlicher Bevölkerungskreise nach »Mitbeteiligung und -gestaltung« in buchstäblich lebenswichtigen Fragen wie beim Klimaschutz angeht. Indizien dafür sind der von jungen AktivistInnen getragene jahrelange mutige Kampf um den Hambacher Forst – bei dem es letztlich auch um mehr Klimaschutz und um einen schnellen Kohleausstieg geht – oder auch die weltweiten »Fridays for Future«-Demonstrationen von SchülerInnen. Besonders junge Menschen fühlen sich zunehmend von Politik, Konzernen, aber auch von zivilgesellschaftlicher Ignoranz oder Gleichgültigkeit um eine lebenswerte

Zukunft betrogen. Ähnliches gilt für Demonstrationen anlässlich anderer Ökokrisen wie etwa die industrielle Land- und Tierwirtschaft (vgl. die Kampagne »Wir haben es satt!« 2018). Nach unserer Bewertung sind diese sozialen Bewegungen kein Ausdruck von Politikverdrossenheit, sondern im Gegenteil eine oft wütend vorgetragene Anklage gegen das berechtigte Gefühl politischer Ohnmacht und ein Engagement für Forderungen nach Beteiligung, Transparenz und Mitgestaltung. Offensichtlich reicht das zum scheinbar folgenlosen Ritual verkommene periodische Wählen für die Legitimität politischen Handelns allein nicht mehr aus. Zumal während der Legislaturperioden der finanzkräftige Einfluss von Lobbygruppen für partielle Kapitalinteressen immer deutlicher eine proaktive Politik behindert. In Deutschland galt dies lange Zeit für den nuklear-industriellen Komplex, der heute noch in EU-Ländern wie Frankreich und besonders in Japan einen prägenden Einfluss auf die herrschende Politik ausübt. Dies wird zukünftig auch für den noch mächtigeren fossil-industriellen Komplex gelten – von der Kohle-, Öl- und Gasindustrie bis hin zur fossil basierten Automobilbranche.

Es geht hier nicht um eine pauschale Kapitalschelte. Aber bei aller notwendigen Differenzierung hinsichtlich zunehmender nachhaltiger Unternehmenspolitik muss angesichts weiter beschleunigter Transformation über die institutionell abgesicherte Einflussnahme von Gemeinwohlinteressen neu nachgedacht werden. Es gilt, die vorherrschende asymmetrische Machtartikulation von partikularen Kapitalinteressen einzudämmen. Der Schutz von Gemeingütern sowie ein fairer, transparenter und gleichberechtigter Aushandlungsprozess zwischen Stakeholdern müssen mehr Raum erhalten.

Offensichtlich tangiert eine sozial-ökologische Transformation nicht mehr nur den traditionellen Widerspruch zwischen Lohnarbeits- und Kapitalinteressen. Ein breiteres Interesse am Erhalt der natürlichen Lebensgrundlagen beginnt sich organisiert zu artikulieren. Mit wohlfeilen, aber zumeist folgenlosen Plädoyers für »Öffentlichkeitsbeteiligung«, wie sie pflichtgemäß in vielen Studien auftauchen, sollten die berechtigten Forderungen nach Transparenz,

Verantwortlichkeit und Mitgestaltung nicht abgespeist werden. Denn es geht dabei auch um mehr Effektivität neuer Steuerungsformen, ohne die eine sozial-ökologische Transformation nicht funktionieren wird.

Die Frage, wie eine proaktive »Öffentlichkeitsbeteiligung« im Rahmen einer Governance der sozial-ökologischen Transformation aussehen könnte, lässt sich hier natürlich nicht abschließend beantworten. Sicher ist aber, dass »Just Transition« – also eine faire sozial-ökologische Transformation – nicht nach dem Top-down-Prinzip allein aus Brüssel oder von den Regierungen der Nationalstaaten entschieden und umgesetzt werden kann. Der hierauf zielende Begriff »polyzentrische Governance« umfasst daher die Beteiligung einer Vielzahl von regionalen und kommunalen Institutionen (wie etwa regionaler und kommunaler Körperschaften, Energie- und Ressourcenagenturen, Kammern, Netzwerke). Doch das reicht nicht aus.

Darüber hinaus stellt sich die Frage, wie komplexe und langwierige Systemtransformationen tatsächlich von den hauptsächlich betroffenen Stakeholdern so maßgeblich »mitbestimmt« werden können, dass sowohl Demokratie und Parlamente gestärkt werden, aber auch gleichzeitig die Schwächen nur formaler Mehrheitsbeschaffung und die immer brüchigere Legitimität überwunden werden.

Das hier vorgeschlagene Organisationskonzept von »Räten sozial-ökologischer Transformation« basiert auf der Grundthese, dass für gelingenden Klimaschutz die mögliche Polarität von privatwirtschaftlichen Partikularinteressen an Rendite gegenüber den Gemeininteressen an Nachhaltigkeit so weit wie möglich aufgelöst werden muss. Wir haben gezeigt: Gesamtwirtschaftlich ist forcierter Klimaschutz eine »Gewinnerstrategie«, aber in Bezug auf spezifische Branchen des fossil-industriellen Komplexes sowie die betroffenen Regionen und Beschäftigten sind »Verliererpositionen« möglich. Die EU-Mitgliedsländer und viele Regionen in Europa werden in absehbarer Zeit über Institutionen und Prozesse nachdenken müssen, in denen diese Widersprüche ausgehandelt und möglichst nachhaltig aufgelöst werden können.

Für Deutschland stellt sich die Frage: Können aus den Diskussionen, den Institutionen und den Praktiken der betrieblichen und überbetrieblichen Mitbestimmung Anregungen bezogen werden? Die Antwort lautet: ja und nein.

»Ja« deshalb, weil auf eine lange, wenn auch heute verschüttete Diskussion über Wirtschaftsdemokratie und überbetriebliche Mitbestimmung zurückgegriffen werden kann. Gerhard Leminsky, von 1980 bis 1993 Geschäftsführer der Hans-Böckler-Stiftung, stellt in einem Aufsatz von 1971 zur überbetrieblichen Mitbestimmung fest:

> »Die Gewerkschaften können die Dynamik der sozialökonomischen Entwicklung nur dann bejahen, wenn die damit verbundenen hohen Anforderungen an die regionale, sektorale und berufliche Mobilität von entsprechenden Schutz- und Gestaltungsmaßnahmen begleitet sind [...] Gerade die Strukturpolitik legt weitgehend die Entfaltungsmöglichkeiten für einzelne und Gruppen fest [...] Es gilt auch für den gesamten Infrastrukturbereich, der meist privatwirtschaftlichen Aktivität nicht zugänglich ist, aber wichtige Voraussetzungen für die Erschließung des Raumes zur Verfügung stellt – vom Umweltschutz über Gesundheitswesen bis zur Verkehrsplanung« (Leminsky 1971, S. 606).

Und der Autor fährt fort:

> »Als Form der Institutionalisierung bietet sich in der Linie gewerkschaftlicher Mitbestimmungsvorstellungen ein paritätisch besetztes *Gremium wie ein Bundeswirtschafts- und Sozialrat* [Hervorhebung im Original] an, der über umfassende Informations-, Beratungs- und Initiativrechte in Bereichen verfügt, die Arbeitnehmer bzw. Arbeitgeber besonders betreffen. Große Bedeutung würde auch dem Recht zukommen, Enqueten zu veranlassen. [...] Das vom DGB vorgeschlagene Recht zu Gesetzesinitiativen kann das Parlament zumindest veranlassen, sich mit seinen Vorstellungen auseinanderzusetzen« (ebd., S. 609).

Es kann hier nicht erörtert werden, warum dieses weitreichende überbetriebliche Mitbestimmungskonzept sowohl in Gewerkschaftskreisen als auch in der breiteren Öffentlichkeit fast völlig aus der Diskussion verschwunden ist. Der Grundgedanke war jedenfalls damals, dass es um institutionalisierte überbetriebliche Aushandlungsprozesse zwischen den Repräsentanten von Lohnarbeit und Kapital gehen muss, weil die betriebliche Mitbestimmungsebene dafür nicht ausreicht. Die heutigen Probleme eines staatlich beschleunigten ökologischen Strukturwandels standen damals noch nicht zur Debatte.

Insofern ist die Diskussion über die deutsche überbetriebliche Mitbestimmung ein interessanter ideengeschichtlicher Anknüpfungspunkt. Aber die Frage nach der direkten Übertragbarkeit auf heutige und zukünftige Verhältnisse muss eindeutig mit »Nein« beantwortet werden.

Denn eine sozial-ökologische Transformation besitzt langfristigere, systemische und vor allem auch ökologische Dimensionen, in denen auch aus Sicht lohnabhängig Beschäftigter nicht nur Fragen der Sicherung des Lebensunterhalts (Einkommen, Arbeits- und Gesundheitsschutz), sondern darüber hinaus noch fundamentalere Fragen des langfristigen Strukturwandels zur Sicherung der natürlichen Lebensgrundlagen (wie ausreichender Klima- und Gesundheitsschutz) zur Diskussion und Entscheidung anstehen.

Vor allem erfordern weit in die Zukunft weisende Zielvorstellungen wie die des Klimaschutzes ein wissenschaftliches Foresight-Instrumentarium (zum Beispiel Szenarien), also eine kontinuierliche begleitende Anwendung wissenschaftlicher Analysen und Methoden. Daher müssen in den vorgeschlagenen Räten neben Repräsentanten von Arbeit, Kapital, Politik und (Umwelt-)NGOs auch Vertreter der nachhaltigkeitsorientierten Wissenschaft eingebunden werden. Die Berufung durch die Regierung, die plurale Zusammensetzung und der Auftrag der »Kohlekommission« liefern einen Ansatzpunkt, um über das mögliche Format und Mandat der Einsetzung von Räten zur sozial-ökologischen Transformation nachzudenken. Eine solche Debatte hätte auch positiven Einfluss auf die europäische Energiewende. Selbstverständlich muss ein Dialog in den EU-Mitgliedsländern vor dem Hintergrund des jeweils spezifischen historischen und politischen Kontextes geführt werden. Aber ein Anstoß durch die EU-Kommission und beispielgebende Initiativen in Deutschland wären hier sehr hilfreich.

6.2 Die Herausforderung: Energetische Sanierung des Gebäudebestands

Gebäude verursachen etwa 40 Prozent des EU-Energieverbrauchs und emittieren 36 Prozent der CO_2-Emissionen. Die EU-Kommission schätzt, dass etwa 75 Prozent des EU-Gebäudebestandes energetisch ineffizient sind. Die Renovierungsraten in den EU-Mitgliedsländern liegen lediglich zwischen 0,4 und 1,2 Prozent pro Jahr (Europäische Kommission o. J. (a)).

In keinem Sektor ist das theoretische Win-win-Potenzial einer forcierten Klimaschutzstrategie so naheliegend wie bei Gebäuden: Durch eine Steigerung der Sanierungsrate (auf mindestens 2 Prozent pro Jahr) und durch eine integrierte und tief greifende energetische Sanierung (»deep renovation«) können massive Energiekosteneinsparungen erreicht werden. Damit würde auch ein erheblicher Beitrag zum Klimaschutz geleistet, das Komfortniveau gesteigert und Energiearmut reduziert. Außerdem könnten neue Beschäftigungsfelder generiert und finanzielle Beiträge erwirtschaftet werden, die einer grünen Ökonomie und auch dem Staatshaushalt zugutekämen. Bei Neubauten gibt es in Europa bereits Schritte in die richtige Richtung. Mit der »Energy Performance of Buildings Directive« hat die EU hier europaweit einen ambitionierten Standard festgelegt: Ende 2020 müssen alle Neubauten »Niedrigstenergiehäuser« (»nearly zero energy buildings«) sein, sodass die verbleibende Restenergie leichter mit erneuerbaren Energien bereitgestellt werden kann (Europäisches Parlament und Rat der Europäischen Union 2010). Für öffentliche Neubauten gilt dies bereits ab 2018 (Europäische Kommission o. J. (b)).

Die Probleme bei der praktischen Realisierung des Win-win-Potenzials betreffen jedoch vor allem die bereits bestehenden Gebäude. Ein wichtiges Thema ist die Bezahlbarkeit des Wohnraums. Die Gebäudetypologie, das Baualter, der energetische Status quo, die Lage, das Mikroklima und die Eigentums- und Nutzungsformen sind extrem komplex, begleitet vom Problem der langen Investitionszyklen. Hinzu kommt, dass der Neubau- und Sanierungsbedarf abhängig von der Bevölkerungsentwicklung in den Mitgliedsländern und daher unterschiedlich ist. In Deutschland, Italien oder Polen wird mit einem Bevölkerungsrückgang bis 2080 gerechnet, in Frankreich, UK, Spanien, Schweden oder den Niederlanden aber mit einem Bevölkerungszuwachs (Statista 2019).

Um zu verstehen, warum es in der Praxis bei der Implementierung einer energetischen Gebäudesanierungsstrategie vielfältige Hemmnisse und sozioökonomische Probleme zu überwinden gilt, ehe das Win-win-Potenzial tatsächlich realisiert wird, ist ein genauerer Blick in die Städte Europas notwendig.

6.2.1 Urbanisierung als Chance und Herausforderung

Die Stadt, insbesondere ihr aktueller Gebäudebestand, stellt die Bühne dar, auf der wesentlich über Erfolg und Misserfolg der Umsetzung von Klima- und Nachhaltigkeitszielen entschieden wird. In einem paradox wirkenden Zusammenhang mit den Megatrends der Digitalisierung und der Globalisierung, in einer Welt, in der scheinbar alles gleichzeitig und überall zu haben ist, wird der Ort immer wichtiger, und Ballungsräume nehmen immer mehr zu (Lorberg, 2018, S. 99 ff.). Die Frage ist also: Kann der Megatrend Urbanisierung, können Stadtentwicklung und -erneuerung einen adäquaten Beitrag zum Klimaschutz leisten? Die Antwort lautet Ja! Die Städte müssen hier sogar handeln, damit sich der Klimawandel nicht noch verschärft. Der »Umzug der Menschheit« ist in vollem Gange und unaufhaltsam. Der Wissenschaftliche Beirat der Bundesregierung Globale Umweltveränderungen geht davon aus, dass sich innerhalb der kommenden 30 Jahre die städtische Infrastruktur verdoppeln wird und 2050 in den Städten mehr Menschen leben werden als heute auf der ganzen Welt

(WBGU, 2016, S. 6). Die gute Nachricht ist dabei zunächst, dass sich zumindest in Europa die »Smart-City-Hypothese« zu bestätigen scheint. Dies bedeutet, dass ein typischer Städter in Europa in der Regel weniger CO_2-Emissionen verursacht als ein Bewohner ländlicher Regionen. Am Beispiel Deutschlands ist dabei allerdings sichtbar, dass das Einkommensgefälle zwischen Stadt und Land entsprechende Vorteile bisweilen nivellieren kann (Berkmüller u. a. 2017, S. 11). In Ländern mit hohem Entwicklungsbedarf ist die CO_2-Bilanz der Städter daher auch meist die schlechtere.

Die Urbanisierung bietet zwar erhebliche Chancen für den Klimaschutz, aber sie kann diese nur im Rahmen eines komplexeren Lösungsansatzes verwirklichen. Aufgrund von Dichte- und Skaleneffekten haben Städte prinzipiell das Potenzial, Gemeinschafts- und öffentliche Güter in überlegener Qualität und Quantität nachhaltig und ressourceneffizient bereitzustellen, also besonders im Mobilitätsbereich Einsparpotenziale zu realisieren. Dem stehen aber im Gebäudebereich vielfältige Herausforderungen gegenüber. Besonders in Europa, wo der Zuzug vielfach in bestehende »reife« Städte erfolgt, bildet die Transformation des urbanen Gebäudebestands eine zentrale Herausforderung.

Um einen nahezu klimaneutralen Gebäudebestand bis 2050 zu schaffen, müssen vor allem sehr heterogene Akteure motiviert, eingebunden und finanziell unterstützt werden. Diese kann nur gelingen, wenn diese Akteure erreicht und an der Umsetzung mitbeteiligt werden, die jeweils angemessenen rechtlichen und finanziellen Anreize vorhanden sind sowie Industrie, Wissenschaft und Handwerk Lösungen bereithalten und miteinander kooperieren.

Die zentralen Eckpunkte sind dabei die Sanierungsrate, die Sanierungstiefe sowie die Dekarbonisierung der Versorgungstechnik (Öko-Institut/Fraunhofer. Institut für Solare Energiesysteme 2016, S. 208). Innerhalb dieser Trias bewegt sich die Herausforderung der energetischen Sanierung des Gebäudebestands. Die zitierte Studie zeigt dabei deutlich den multiplen politischen Handlungsbedarf auf. Hier gilt es vor allem

- einen ambitionierten Gebäudestandard – ähnlich KfW-55 – als Leitstandard der energetischen Gebäudesanierung zu etablieren, um die Sanierungstiefe zu erhöhen (deep renovation),
- Anstrengungen und Anreize zu verstärken, Eigentümer für eine erhebliche Steigerung der Sanierungsrate zu gewinnen,
- in der Handwerkerschaft die Kompetenzen zur energetischen Sanierung qualitativ und quantitativ bereitzustellen,
- in Forschung und Entwicklung insbesondere preisgünstige Sanierungsstrategien sowie effizientere Wärmespeicherung, Versorgungstechniken und Solarthermie zu forcieren,
- aber auch verstärkt auf die Ressourceneffizienz, Wiederverwendbarkeit und Entsorgung von Dämmmaterialien zu achten.

Die Herausforderungen und Möglichkeiten sind dabei jedoch weiterzudenken: Wird etwa mit der Dekarbonisierung von Gebäuden grüner Strom durch den Einsatz von elektrischen Wärmepumpen auch grundlegend für die Heizungssysteme, dann stellt dies nicht nur für den Ausbau erneuerbarer Energien, sondern auch für die Netze, die Speicherung und den Ausgleich von Spitzenlasten eine neue Herausforderung dar. Ein hoher energetischer Standard der Gebäudehülle und insgesamt ein weitgehender energiebezogener Autonomiegrad von Gebäuden und Quartieren (beispielsweise durch eigene »smarte« Energieerzeugung, -speicherung und -verteilung) nimmt hier erheblich Druck aus dem System, womit die Netztransformation und der Ausbau der Erneuerbaren vor einer Überforderung geschützt werden. Für das Gelingen der Energiewende ist es somit unabdingbar, dass die nachhaltige Gestaltung von Gebäuden und Quartieren zu einem zentralen Baustein des zukunftsfähigen Umbaus der Städte wird. Die gilt auch für die sich abzeichnende Sektorkopplung von E-Mobilität und Gebäudesektor, weil sowohl die gebäude- und quartiersbezogene Ladeinfrastruktur als auch die Nutzung der Speicherkapazität parkender E-Autos als Flexibilitätsoption bei variabler Stromeinspeisung aus Photovoltaik und Wind an Bedeutung gewinnen werden.

Die Notwendigkeit, diese Vielfalt der Prozesse in zielführender Weise regulativ und durch gezielte Anreize zu steuern, ergibt sich auch aus den immensen Ressourcen- und Klimaeffekten, die die geschätzte Verdoppelung der weltweit bebauten Fläche bis 2050 haben wird. Hans Joachim Schellnhuber, Direktor Emeritus des Potsdam-Instituts für Klimafolgenforschung, sieht dabei ein zentrales Problem in den herkömmlichen Formen des Bauens: »Wenn auch nur alle konkret geplanten Städte so umgesetzt werden, wie es jetzt angedacht ist – also etwa basierend auf Beton, Stahl und Zement –, dann würde das schon die Hälfte des CO_2-Budgets aufbrauchen, das wir für das Zwei-Grad-Ziel insgesamt noch haben.« (Schwarz 2017).

Gerade für den Gebäudesektor ist daher eine integrierte Klima- und Ressourcenschutzpolitik zentral: Die Förderung von urbanem Holzbau und ressourcenschonenden, wiederverwendbaren Materialien, von »urban mining« und nachhaltigen Stoffkreisläufen sind damit nicht Kür, sondern Pflicht. Bei der Förderung von Sanierung und Neubau müssen entsprechende Anforderungen inkorporiert und auch zunehmend baurechtlich verankert werden (Umweltbundesamt 2017). Berücksichtigt man, dass 50 Prozent des Abfalls in Deutschland auf den Bausektor entfallen, eröffnen sich hier erhebliche integrierte Potenziale für den Klima- und Ressourcenschutz im Bausektor, deren erfolgreiche Erschließung nicht nur von einem Bewusstseinswandel bei den Bauherren, sondern auch von der Ausbildung von Architekten, Bauingenieuren und Handwerkern abhängt (siehe etwa www.urbanminingstudentaward.de).

Internationale architektonische und energietechnische Wettbewerbe (wie der Solar Decathlon und besonders der Urban Solar Decathlon, der 2021 erstmals in Deutschland/Wuppertal stattfindet) steigern für Studierende aus aller Welt die Motivation, Gebäude der Zukunft zu entwickeln. Sie wirken auf das öffentliche Bewusstsein und führen zu innovativen Lösungen und deren Verbreitung (Energy Endeavour Foundation o. J.). Eine Förderung vielfältiger Maßnahmen zur Unterstützung dieses Bewusstseinswandels ist dabei unabdingbar für den Erfolg der urbanen Energiewende, die nur mit und nicht gegen die vielfältigen Akteure gelingen kann. Eine systematische Bürgerbeteiligung kann zu einer enormen Erhöhung der energetischen Sanierungsrate führen, wie sich etwa in der Modellstadt Bottrop (»Innovation City«) in Nordrhein-Westfalen gezeigt hat (Bock 2017).

In der heutigen Welt gibt es immer mehr Singlehaushalte, kinderlose Paare und alleinstehende alte Menschen. Dem auch damit verbundenen nicht nachhaltigen Trend immer höherer Wohnraumnutzung pro Person muss durch innovative Konzepte der Wohnraum-, Gebäude- und Quartiersgestaltung entgegengewirkt werden. Auch um massive Reboundeffekte durch steigendes Anspruchsniveau bei der Flächennutzung nach energetischen Sanierungen zu vermeiden, muss übermäßige Wohnflächennutzung zumindest zu einer progressiven Anforderung an die Energieeffizienz entsprechender Gebäude führen. In der Schweiz ist man in einigen Städten dazu übergegangen, den Zuwachs bei der Wohnfläche pro Kopf zu begrenzen. Abbildung 22 zeigt demgegenüber den bisher unregulierten rapiden Anstieg des Wohnflächenverbrauchs in Deutschland nach dem Zweiten Weltkrieg (Voss 2017).

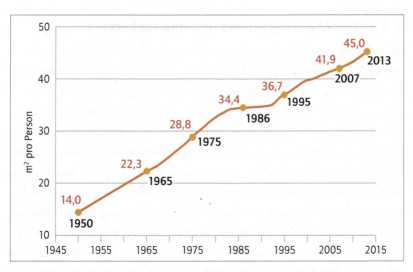

Abbildung 22 Anstieg des Wohnflächenverbrauchs pro Person in Deutschland. Quelle: Zum Fenster hinaus geheizt – warum eine energetische Gebäudesanierung entscheidend ist (Voss 2017)

Eine grundsätzliche Wohnflächenbegrenzung pro Kopf ist nicht kurzfristig realisierbar. Doch auch vor dem Hintergrund von Wohnungsnot, Gentrifizierung und eines eklatanten Mangels an Gleichheit und Partizipationsmöglichkeiten in der Stadt sollten die negativen Externalitäten übermäßiger Wohnflächen mit Abgaben belegt werden, wobei hier neben Klimaschutzzielen auch die sozialen Kosten eingepreist werden könnten. Die Einnahmen ließen sich dann zur Förderung bezahlbarer Wohnungen nutzen. Die sozialen Externalitäten übermäßiger Wohnraumnutzung liegen dabei darin, dass Dritte von der Nutzung der städtischen Angebote ausgeschlossen werden, deren Qualität unmittelbar vom Zentralitätsgrad der Städte abhängt (siehe bereits Christaller, 2006 erstmal. 1933). Unabhängig davon, dass diese Zentralität grundlegend klimarelevant ist, da durch Skalen- und Dichteeffekte öffentliche Güter (etwa Kultur, Verkehr, Versorgung) klimaschonender bereitgestellt werden können, ergeben sich so gute Gründe für eine vertretbare sozial orientierte Belastung individuell übermäßigen Wohnraums in Städten.

6.2.2 Die KfW-Programme im Gebäudebereich

Neben der Notwendigkeit, die (europäische) Stadt in ihrer Entwicklung und operativen Transformation neu zu denken, Bewusstsein zu schaffen, berufliche und akademische Bildung darauf abzustimmen und intelligente regulative Maßnahmen zu schaffen, bedarf es jedoch vor allem eines investiven Big Push zur energetischen Sanierung. Unbestritten ist dabei, dass die Umsetzung eines nahezu CO_2-freien Gebäudebestandes bis 2050 und die hierzu notwendige Steigerung der jährlichen energetischen Gebäudesanierungsrate nicht nur private Zusatzinvestitionen, sondern auch ein umfangreiches und langfristig verlässliches öffentliches Förderprogramm erfordert. Als Blaupause für die Förderung energieeffizienten Bauens insgesamt können die erfolgreich erprobten KfW-Programme »Energieeffizient Sanieren« und »Energieeffizient Bauen« dienen. Ihre Wirkung auf die öffentlichen Haushalte für das Jahr 2016 wurde kürzlich untersucht, wobei hier auch die kleineren Programme »IKK/IKU – Energieeffizient Bauen und Sanieren«

und »KfW-Energieeffizienzprogramm – Energieeffizient Bauen und Sanieren« betrachtet wurden (hier und im Folgenden Kuckshinrichs & Aniello, 2018).

Für das Jahr 2016 standen für die Programme Bundesmittel in Höhe von 1.948 Millionen Euro zur Verfügung. Die damit geförderte Investitionssumme entsprach 45.351 Millionen Euro und 603.130 geförderten Personenjahren Arbeit. Selbst wenn im Neubaubereich diese Zahlen dahingehend bereinigt werden, dass in jedem Fall rechtliche Vorgaben etwa der Energieeinsparverordnung hätten erfüllt werden müssen, liegt selbst die induzierte Investitionssumme bei 21.297 Millionen Euro, und die induzierten Personenjahre Arbeit liegen bei 285.969. Die Hebelwirkung dieser Programme ist entsprechend enorm. Die Haushaltsmittel zur Finanzierung der Programme haben mit einer gut zehnfachen Hebelwirkung private Investitionen ausgelöst, die über Multiplikatoreffekte (mehr Aufträge, Gewinne, Löhne und Nachfrage) auch zu höheren Steuereinnahmen und Beschäftigungseffekten führten, wie auch frühere Analysen dieser Programme ergaben (vgl. Prognos 2013). Um politische Akzeptanz zu erreichen, ist aber neben diesem positiven Effekt auf die Investitionen die budgetäre Dimension für die öffentlichen Haushalte ausschlaggebend. Ausgehend von erheblichen Multiplikationseffekten, ergeben sich beeindruckende Zahlen, die Abbildung 23 auf Seite 134 zusammenfasst.

Die dargestellten Szenarien Überstunden (ÜS) und Arbeitsplatz (AP) unterscheiden sich dahingehend, ob von der Entstehung neuer Jobs ausgegangen wird oder sich die Zuwächse in der Nachfrage ausschließlich in Überstunden niederschlagen. Ein Mittelwert zwischen beiden Werten erscheint plausibel. Dieser wird umso mehr in Richtung Arbeitsplätze ausschlagen, je mehr die Sicherheit über die Dauerhaftigkeit der Förderung und der damit verbundenen Nachfrage gewährleistet ist. Jedoch ergibt sich selbst in der konservativsten Schätzung eine Nettoentlastung der öffentlichen Haushalte in Höhe von 7.406 Millionen Euro. Diese Entlastung kommt sogar zu einem großen Teil den Ländern und auch den Kommunen und Sozialversicherungen zugute, obgleich diese keinen Anteil an der Finanzierung hatten und haben. Da es sich bei der Baubranche und den sonstigen betroffenen Sektoren um arbeitsintensive und wenig importintensive Bereiche handelt, ist mit besonders günstigen Effekten für die Binnennachfrage und die öffentlichen Haushalte zu rechnen. Die Internalisierung externer Effekte im Klimabereich und die Förderung der Energieeffizienz machen die Programme zu einem weltweiten Vorbild in der Klimawende (Kuckshinrichs & Aniello 2018, S. 13 f.).

Programmkosten (in Millionen Euro)	1.948	
	Geförderte Investitionen	Induzierte Investitionen
Mehreinnahmen / Minderausgaben		
• Beim Investor anfallende Umsatzsteuer	8.617	4.046
• Bei Unternehmen anfallende Gütersteuern und sonstige Produktionsabgaben abzüglich Gütersubventionen und sonstige Subventionen	707	320
• Lohnsteuer inkl. Solidaritätszuschlag und SV-Beiträge	9.048	4.266
• Besteuerung von Unternehmensgewinnen und Einkommen aus Vermögen inkl. Solidaritätszuschlag	1.566	722
Nettoentlastung im Szenario Überstunden (ÜS) (nach Verrechnung der Programmkosten)	**17.990**	**7.406**
Vermiedene Ausgaben Arbeitslosigkeit	6.634	3.146
Nettoentlastung im Szenario Arbeitsplatz (AP) (nach Verrechnung der Programmkosten)	**24.624**	**10.552**

Abbildung 23: Budgetseitige Auswirkungen der Förderprogramme mittels geförderter und induzierter Investitionen im Förderjahr 2016 (in Millionen Euro), (Kuckshinrichs und Aniello 2018)

Mit einer Fördersumme von derzeit knapp zwei Milliarden Euro pro Jahr reichen die Programme jedoch bei Weitem noch nicht aus, um die angestrebte Sanierungsquote bei Berücksichtigung einer hohen Renovierungstiefe und ressourcenschonenden Bauens zu erreichen. Dies ist jedoch ein wesentliches Ziel, um die Energiewende in Deutschland und europaweit umzusetzen.[12] Mit den

---

12 https://www.iwkoeln.de/studien/iw-kurzberichte/beitrag/energetische-sanierung-quote-ohne-aussagekraft-69302.html.

KfW-Programmen existiert hier ein hervorragender und erprobter Ansatz, für den in Deutschland verlässlich über einen langen Zeitraum hinweg mindestens drei bis vier Milliarden Euro pro Jahr bereitgestellt werden müssen.

6.2.3 Transformationsfonds Gebäude als Chance für Europa

Wenn die ambitionierten EU-Klimaschutzziele wirklich Realität werden sollen, müsste ein entsprechendes Programmpaket auf alle Mitgliedsländer übertragen werden. Es ist dringend geboten, hierfür eine europäische Rahmenkonzeption zu entwickeln. Eine solche massive Anschubfinanzierung muss mit klar definierten Zielen und Auflagen verbunden werden. Zum einen gilt es, auch die ressourcenschonende Art des Bauens zu verankern. Und zum anderen darf die klimapolitisch notwendige energetische Sanierung des Mietwohnungsbestandes nicht als Vorwand für unangemessene Mieterhöhungen, zur Luxussanierung, zur Vertreibung von Altmietern und zur Gentrifizierung von Quartieren ausgenutzt werden. Der Königsweg wäre, nur noch »warmmietenneutrale« Sanierungen zu fördern. Die Erhöhung der Kaltmiete durch Umlage von energierelevanten Sanierungsinvestitionen darf die hierdurch erreichte Senkung der Energiekosten nicht übersteigen. Allerdings ist umstritten, unter welchen Bedingungen Warmmietenneutralität generell erreichbar ist (vgl. Simons 2011). Dennoch bietet ein derartiges Programm die Chance, verschiedenen Anforderungen, denen die Transformation der Städte gerecht werden muss, im Sinne einer »Pigou-Subvention« zu begegnen. Eine solche Subvention setzt wichtige Anreize und verhindert Kosten für die Umwelt auf effizientere Weise als Ver- oder Gebote, da sie den Marktmechanismus nicht außer Kraft setzt (vgl. Vogl & Lorberg 2018, S. 125).

Von solchen Maßnahmen ist auch ein erheblicher Multiplikator- und Selbstfinanzierungseffekt auf europäischer Ebene zu erwarten. Daher sind derartige Programme im großen Stil eine unabdingbare Voraussetzung für die europäische Energiewende. Idealerweise lassen sie sich auch mit der Idee der weiter unten ausführlicher behandelten Transformationsfonds verbinden, wie sie unter anderem der WBGU ins Spiel gebracht hat (WBGU 2018, S. 31 ff.). Vor allem ließen sich so auch die Finanzierungsaufwendungen erwirtschaften, beispielsweise durch eine Abgabe auf übermäßigen individuellen Wohnraum oder die vom WBGU vorgeschlagene umfassende Bepreisung von Treibhausgasemissionen sowie Emissionen des Flug- und Seeverkehrs. Möglich wäre auch eine reformierte Nachlasssteuer, die der zunehmend ungleichen Vermögensverteilung Rechnung trägt. Gleichzeitig passt ein solches Programm perfekt zum Konzept des WBGU, dass jeder Transformationsfonds im Kern 100 Prozent grüne Investitionen enthalten soll. Dabei ließe sich mit der Andockung an die europäischen Strukturfonds eine vorhandene Struktur nutzen. Europäische Solidarität kann dabei gleich auf zwei Säulen entstehen: zwischen reicheren und ärmeren EU-Ländern, durch die Verantwortung für die ungleiche Umweltschädigung in der Vergangenheit und insgesamt durch die Verantwortung für die gemeinsame Umwelt und die zukünftigen Generationen.

Ein solcher Fonds müsste die dauerhafte Umsetzung entsprechender Programme absichern sowie gleichzeitig eine umfassende Ausbildungs- und Qualifizierungsoffensive anstoßen und finanzieren. Es gilt, die mit Planung und Ausführung betrauten Arbeitskräfte bereitzustellen, um eine Überhitzung der Baubranche zu verhindern. Erst ein Aus- und Fortbildungswandel in Richtung nachhaltiges und energieeffizientes Bauen an den Universitäten und den Einrichtungen der beruflichen Bildung können letztendlich dafür sorgen, dass Investitionsprogramme nicht an ihrem eigenen Erfolg kranken. Gerade hier liegen die Chancen, die Wettbewerbsfähigkeit und Produktivität Europas nachhaltig zu stärken, den notwendigen Bewusstseinswandel auf breiter Front zu fördern und gleichzeitig eine europäische Arbeitsmarktintegration zu verstärken. Gleichzeitig kann dieses Programm den Rahmen liefern, Probleme der europäischen urbanen Nachhaltigkeitstransformation auch in Forschung und Entwicklung gemeinsam zu lösen sowie zunehmend europäisch zu begreifen und zu fördern. Diese Forschung betrifft aber nicht nur den technischen, sondern auch den sozialwissenschaftlichen Bereich. Denn Gebäudesanierung ist immer ortsgebunden, und Eigentums- und Nutzungsstrukturen im Wohnungsbau und bei gewerblichen Immobilien sind enorm komplex. Insofern bildet ein europaweites Förderprogramm nur den globalen Anreizrahmen für ein hochdifferenziertes lokales Zusammenwirken von Akteuren (Bauherren, Investoren, Architekten, Baugewerbe, Banken) bei der Anwendung örtlicher Maßnahmenbündel (von der Beratung und der Bürgerbeteiligung über die Projektabwicklung bis zur Weiterbildung). Kommunale Gebäudesanierungsbüros und Leuchtturmprojekte wie etwa Bottrop (»InnovationCity Ruhr«) mit einer professionellen Managementstruktur sind dabei wesentlich (vgl. InnovationCity Ruhr o. J.). Derartige Reallabore müssen weiter gefördert und mit ihren Maßnahmen- und Handlungspaketen zu Modellen für die urbane Transformation werden, die als Best Practices in ganz Europa bekannt und adaptiert werden. Dabei muss eine polyzentrische Governance entstehen, die den vielfältigen Aspekten der europäischen Klimawende, aber auch der »Eigenart« der Städte gerecht wird. Angetrieben durch den Big Push der Förderprogramme, können diese Reallabore auch individuelle Lösungen für die Umsetzung nachhaltiger Mobilität, Stadt- und Quartiersplanung sowie Luftreinhaltung und Pluralität der erneuerbaren Energieerzeugung erarbeiten.

6.3 CO_2-Abgaben[13]

Eine generelle Bepreisung von CO_2 (Zertifikate, Steuern, Abgaben etc.) ist die wohl am meisten diskutierte Maßnahme zur Förderung einer weltweiten Dekarbonisierungsstrategie. Sie wird nachfolgend ausführlicher – auch anhand

---

13 Der hier verwendete Begriff »Abgabe« wird als allgemeiner Oberbegriff für Steuern, (Sonder-)Gebühren/Abgaben und Beiträge verwendet. Steuereinnahmen sind typischerweise nicht zweckgebunden, sondern dienen der Finanzierung öffentlicher Aufgaben. Da eine Lenkungsfunktion hin zum sparsamen Gebrauch von fossilen Brennstoffen jedoch eine Zweckbindung darstellt, würde dies einer typischen Steuer widersprechen. Andererseits kann eine CO_2-Abgabe europa- und finanzverfassungsrechtlich auch eine Steuer sein, da Steuern im Gegensatz zu Abgaben keine besonderen und individuellen Gegenleistungen entgelten

von Länderbeispielen – behandelt. Aber Dekarbonisierung impliziert noch keine Risikominimierung, wenn sie nicht eingebettet ist in einen gesetzlichen Verzicht auf Atomenergie (einschließlich der energierelevanten Kernfusion), auf riskante Deponierungsoptionen (Carbon Capture and Storage außer bei der Industrie) oder auch auf Geoengineering (großräumige Eingriffe mit technischen Mitteln in das Klimasystem der Erde; vgl. Niemeier o. J.). Wird CO_2 bepreist, dann steigt generell die Wirtschaftlichkeit all dieser Optionen, weil die vermiedenen CO_2-Kosten gegenüber dem Investitionsaufwand gegengerechnet werden können. Aktuell relevant ist dabei vor allem die Erzeugung von Atomstrom. Nur in Verbindung mit einem unwiderruflichen Ausstiegsbeschluss wie in Deutschland kann die Gefahr vermieden werden, dass durch eine massive CO_2-Steuer indirekt Atomstrompolitik betrieben wird. Diese Vermutung drängt sich zum Beispiel auf, wenn der französische Vorstoß für eine CO_2-Bepreisung bewertet werden soll (siehe unten).

Laut Energieexperten ist bei allen fossilen Brenn- und Treibstoffen ein erheblicher Preisaufschlag (entsprechend dem Kohlenstoffgehalt) zwingend geboten, wenn die durch fossile Energien verursachten hohen Schäden (die sogenannten externen Kosten) an Menschen, Klima und Umwelt in der Kostenrechnung der Verursacher berücksichtigt werden und steigende Preise eine Lenkungswirkung hin zu mehr Energieeffizienz und erneuerbaren Energien erzielen sollen. Das Umweltbundesamt (UBA 2019) schätzt die externalisierten Umweltkosten aus der Verbrennung fossiler Energien im Verkehrs-, Strom- und Wärmesektor in den Jahren 2006 bis 2014 auf circa 130 Milliarden Euro pro Jahr. Strom aus Braunkohle müsste demnach zusätzlich 10,75 Cent/kWh und aus Steinkohle zusätzlich 8,94 Cent/kWh mehr kosten, um den dadurch verursachten externen Umweltkosten Rechnung zu tragen. Insofern kann es keinen Zweifel daran geben, dass vor allem auch Unternehmen der Kohlestromerzeugung

---

sollen. Eine CO_2-Abgabe entspricht ebenfalls keiner individuellen Leistung, sondern soll allgemein CO_2 bepreisen (Bundestag 2018b).

gegenwärtig massive Kosten auf die Um-, Mit- und Nachwelt abwälzen, selbst wenn die Höhe der Kosten unterschiedlich bewertet werden kann.

Umstritten sind jedoch vor allem die zur Lenkungswirkung notwendige Höhe einer CO_2-Abgabe oder -Steuer zur Internalisierung dieser Kosten in die betriebliche Kostenrechnung wie auch der Einführungspfad, die Verteilungswirkung (etwa Auswirkungen auf die Wettbewerbsfähigkeit und Belastung einkommensschwacher Haushalte), die Verknüpfung mit bestehenden Energiesteuer- und Emissionshandelssystemen und die Verwendung der Steuereinnahmen. Vor diesem Hintergrund erscheint es verständlich, dass es weltweit eine unübersehbare Vielfalt verschiedener CO_2-Bepreisungssysteme gibt. Diese Vielfalt wird hier nur unter der Fragestellung beleuchtet, welches System in Deutschland und Europa aus sozial-ökologischer Sicht sinnvoll ist.

Laut Weltbank-Bericht existierten 2017 weltweit 47 CO_2-Bepreisungsinitiativen, davon 24 Emissionshandelssysteme und 23 nationale CO_2-Steuern (vgl. Carbon Tracker Initiative 2018). Allein in Europa gibt es 15 Länder (inklusive der Schweiz), die zusätzlich zum europäischen Emissionshandelssystem (EU-ETS) eine CO_2-Abgabe eingeführt haben. Alle deutschen Bundesregierungen haben sich jedoch vehement dagegen ausgesprochen – eine Sonderrolle, die allerdings nicht mehr lange durchzuhalten ist. Im Folgenden wird anhand von zwei europäischen Ländern gezeigt, wie eine zusätzliche CO_2-Abgabe mit einem bestehenden Emissionshandelssystem verknüpft werden kann und wie ein deutsches System auf diesen Erfahrungen aufbauen könnte.

6.3.1 Das europäische Emissionshandelssystem

Das Emissionshandelssystem in Europa (EU-ETS) besteht seit 2003. Diesem Handelssystem mit festen Obergrenzen (»cap and trade«) gehören derzeit 31 Länder an (28 EU-Länder plus Liechtenstein, Norwegen, Island und zukünftig die Schweiz). Die CO_2-Emissionen aus rund 12.000 Anlagen (zum Beispiel Stromerzeugung, energieintensive Industrien, Zement), etwa 45 Prozent der Gesamtemissionen der EU, werden durch das EU-ETS erfasst. Jeder Betreiber einer solchen Anlage muss für jede emittierte Tonne CO_2 ein Zertifikat zugeteilt[14] oder – so das zukünftig vorherrschende Verfahren – erwerben. Jeder Betreiber kann nach Bedarf Zertifikate frei handeln. Am Ende jedes Jahres muss er jedoch genügend Zertifikate nachweisen, andernfalls drohen hohe Strafgebühren. Die Gesamtmenge (»Cap«) dieser Zertifikate sinkt jährlich. Durch eine entsprechende Verknappung soll sichergestellt werden, dass der CO_2-Preis pro Zertifikat im Prinzip in die gewünschte Höhe steigt (vgl. DEHSt 2015). In der ökonomischen Theorie ist ein ETS das Instrument der Wahl, um sinkende CO_2-Emissionen sicher und effizient zu erreichen. Im Gegensatz zu einer Steuer, die indirekt über Preissteuerung eine bestimmte Mengenreduktion zu erreichen versucht, kann bei einem ETS prinzipiell ein Pfad der gewünschten Mengenreduktion direkt festgelegt werden.

In der EU-Praxis ergaben sich jedoch trotz der theoretischen Eleganz des ETS viele Probleme. Hier einige Beispiele:

1. die Aushandlung wenig ambitionierter Reduktionsmengen aufgrund der unterschiedlichen Interessen von 28 EU-Mitgliedsstaaten und wegen des hinhaltenden Widerstands der Lobby des fossil-industriellen Komplexes (große Anbieter und Nutzer fossiler Energien wie etwa RWE).
2. die anfänglich kostenlose Vergabe (»grandfathering«) von zu vielen Zertifikaten oder Fehleinschätzungen zur Wirtschaftsentwicklung aufgrund der Finanz- und Wirtschaftskrise 2008. Gewiss sanken die EU-Emissionen zwischen 1990 und 2016 um 23 Prozent, während das europäische Bruttosozialprodukt um 53 Prozent anstieg. der Preis für CO_2-Zertifikate fiel aufgrund von Überangeboten im Jahr 2013 auf unter 3 Euro/Tonne CO_2. Dank der Ankündigung von Reformmaßnahmen stieg der Preis jedoch im Herbst 2018 wieder auf rund 20 Euro/Tonne CO_2. Bis 2023 könnten sich laut Prognosen der Agentur für Erneuerbare Energien (2018) die Preise zwischen 35 bis

---

14 In der ersten Handelsperiode (2005–2007) erfolgte die Zuteilung kostenlos (»grandfathering«) auf Basis historischer Emissionen. Daraus resultierte eine erhebliche Überausstattung, die ein Grund für den späteren Preisverfall war (DEHSt 2015).

40 Euro/t CO_2 einpendeln und damit einen wichtigen Substitutionseffekt bei der Verwendung fossiler Brennstoffe im Strombereich auslösen: »Ab einem Preis von 35 Euro pro Tonne würden die Gaskraftwerke mit Wirkungsgraden größer 55 Prozent die Steinkohlekraftwerke mit weniger als 39 Prozent verdrängen« (ebd.).

In der dritten Handelsperiode (2013–2020) werden bereits – mit wachsender Tendenz – 50 Prozent der Zertifikate (2015) versteigert. Dadurch entwickelt sich eine beträchtliche neue staatliche Einnahmequelle. So konnte etwa der Bund zwischen 2008 und 2015 etwa 5 Milliarden Euro erlösen (vgl. DEHSt 2015). Im Prinzip ergibt sich hierdurch ein erweiterter Finanzierungsspielraum für Klimaschutzaktivitäten, zum Beispiel für Einspeisungen von 2019 2,1 Milliarden Euro in den bestehenden deutschen Energie- und Klimafonds (Bundesregierung 2018b).

Wegen der bislang geringen Lenkungswirkung der CO_2-Bepreisung und trotz der angedachten Reformmaßnahmen des EU-ETS sind viele Länder in Europa dazu übergangen, für den Non-ETS-Bereich eine CO_2-Abgabe einzuführen sowie im ETS-Bereich durch Zusatzmaßnahmen einen notwendigen Mindestpreis für CO_2-Emissionen zu erzielen.

6.3.2 Die CO_2-Lenkungsabgabe in der Schweiz

Die Schweiz ergänzt das landeseigene Emissionshandelssystem bereits seit 2008 mit einer nationalen CO_2-Lenkungsabgabe auf fossile Brennstoffe wie Heizöl (HEL), Erdgas, Kohle, Petrokoks und fossile Brennstoffe, die zur Wärme- und Stromgewinnung verwendet werden. Holz und Biomasse sind hier ausgenommen, das Gleiche gilt bisher für Treibstoffe (Benzin, Diesel). Der Abgabesatz beträgt aktuell (4/2018) 96 Schweizer Franken pro Tonne CO_2 (82,80 Euro), wobei der Kohlenstoffgehalt die individuelle Steuer pro Energieträger bestimmt. Der Abgabesatz für HEL beträgt zum Beispiel pro Liter 25,44 Rappen. Die CO_2-Abgabe wird beim Kauf von fossilen Brennstoffen automatisch erhoben. Befreiungsmöglichkeiten bestehen etwa für Unternehmen im Non-ETS-Bereich, die sich zu eigenen CO_2-Minderungsmaßnahmen verpflichten und als CO_2-intensive Unternehmen einem hohen internationalen Wettbewerb ausgesetzt sind. Die Höhe der Abgabe wird dynamisch vom Schweizer Bundesrat festgelegt und ist auf einen Höchstsatz von 120 Franken pro Tonne CO_2 begrenzt. Ein automatischer Korrekturmechanismus, der in den Jahren 2013 bis 2018 mehrfach nach oben in Anspruch genommen wurde, sorgt dafür, dass die jeweiligen CO_2-Minderungsziele erreicht werden. Entscheidend für die Akzeptanz der Steuer ist die Form der Verwendung und der teilweisen Rückvergütung der Abgabe. Etwa ein Drittel der jährlichen Einnahmen (2016: 1,17 Milliarden Franken) fließen in ein Gebäudeprogramm zur energetischen Sanierung, und 25 Millionen Franken werden einem Technologiefonds zugeführt. Zwei Drittel der Abgabeeinnahmen werden an die Bevölkerung und die Wirtschaft zurückverteilt. 2018 erhielt die Bevölkerung aus den Mitteln der CO_2-Abgabe (und der VOC-Abgabe, durch die flüchtige organische Verbindungen reduziert werden sollen)[15] insgesamt 640 Millionen Franken. Dadurch wurden – unabhängig vom Verbrauch – 88,8 Franken jährlich pro versicherte Person über die Krankenkassenprämien zurückvergütet.[16] Die Einnahmen aus der Wirtschaft (2017: 269 Millionen Franken) werden an alle Arbeitgeber proportional zur Lohnsumme zurückvergütet (vgl. Bundestag 2018b).

Ein anderes Modell der Rückvergütung wird in Kanada praktiziert: Zur Verhinderung sozial unerwünschter Verteilungswirkungen werden hier nach dem Greenhouse Gas Pollution Pricing Act die Steuereinnahmen aus der CO_2-Besteuerung zu einem großen Teil wieder an die Steuerzahler zurückgezahlt. Nuccitelli (2018) berichtet, dass 70 Prozent der kanadischen Haushalte infolge des neuen Gesetzes mehr Steuern erstattet bekommen, als sie CO_2-Steuer zahlen. Da die Höhe der Steuererstattung unabhängig von den individuellen

---

15 VOC steht für Volatile Organic Compounds, also für kohlenstoffhaltige Stoffe. Sie entstehen aus sehr unterschiedlichen Quellen, vor allem durch die Verbrennung fossiler Energien.
16 Da für alle Einwohner in der Schweiz eine obligatorische Grundkrankenversicherung besteht, ist dieses Rückerstattungssystem einfach umsetzbar.

Emissionen ist, können sie durch eine Senkung ihrer Emissionen ihr verfügbares Einkommen zusätzlich erhöhen.

6.3.3 Die CO_2-Steuer in Schweden

In Schweden dient die weltweit höchste CO_2-Steuer als Hauptinstrument der Klimaschutzpolitik. Sie wurde seit 1991 schrittweise auf heute etwa 120 Euro/Tonne CO_2 angehoben. Ab 2018 gibt es für die Industrie außerhalb des EU-ETS keine Ausnahmen mehr. Die Steuer wird auf alle fossilen Energieträger entsprechend ihrem Gehalt an Kohlenstoff erhoben. Die Einnahmen aus der Steuer haben sich seit 1993 (etwa 10 Millionen Kronen) auf über 25 Millionen Kronen (2008) erhöht und sind seitdem vor allem wegen des Rückgangs der CO_2-Emissionen leicht gesunken. Von 1990 bis 2015 ist das Bruttoinlandsprodukt (BIP) um 69 Prozent gestiegen, während die äquivalenten CO_2-Emissionen um 26 Prozent gesunken sind. Dieser Entkopplungseffekt wird vor allem auf die Steuer zurückgeführt. Bei der CO_2-Steuer gibt es keine Zweckbindung und keine direkten Kompensationsmechanismen wie in der Schweiz. Daher wird die regressive Wirkung der Steuer auf einkommensschwache Haushalte und auf automobile Pendler auf dem Land auch in Schweden kritisiert. Der dennoch bestehende weitgehende Konsens für die Beibehaltung der Steuer, die alle Regierungskoalitionen seit 1991 überdauert hat, wird damit erklärt, dass bei der Steuerreform 1991 einkommensschwache Haushalte bei der Einkommenssteuer entlastet wurden und generell die Zustimmung für einen ambitionierten Klimaschutz in Schweden hoch ist (Scharin, Wallström 2018).

6.3.4 Eckpunkte einer deutschen CO_2-Preisreform

Viele Bemühungen um eine sachgerechte CO_2-Bepreisung im Rahmen des EU-ETS und im Non-ETS-Bereich sind bisher am Widerstand deutscher Regierungen und vielfältiger Interessengruppen gescheitert. Auch der Vorstoß von Umweltministerin Svenja Schulze (SPD), angesichts der Verfehlung des offiziellen 40-Prozent-CO_2-Minderungsziels von 2020 und als Signal an die Klimakonferenz in Katowice (COP 24) wenigstens eine Klimaschutzabgabe auf Benzin und Heizöl zu erheben (9.11.2018), wurde von Finanzminister Olaf Scholz (SPD) abgelehnt (vgl. Handelsblatt 2018). Diese Absage wirkt umso irrationaler, als mittlerweile auch dem Finanzministerium bekannt ist, welches Milliardenrisiko auf den Bundeshaushalt zukommt, wenn in den kommenden Jahren verbindliche EU-CO_2-Reduktionsvorgaben nicht erfüllt werden. Für den Zeitraum 2021 bis 2030 könnten für den Bundeshaushalt Belastungen durch den Zukauf von Zertifikaten in Höhe von 5 bis 30 Milliarden Euro entstehen, wenn Deutschland seine zugesagten EU-Reduktionsziele nicht erreichen würde (vgl. Gores und Graichen 2018).

Vor diesem Hintergrund ist verständlich, dass es seit Jahren immer lautere Forderungen nach einer CO_2-Preisreform gibt.[17] Möglicherweise auch in der Bundesregierung mehrheitsfähig sind die »Eckpunkte einer CO_2-Preisreform«, die von zwei Vertretern von Instituten unterschiedlicher Forschungsorientierung (Potsdam-Institut für Klimafolgenforschung und RWI – Leibniz-Institut für Wirtschaftsforschung) vorgelegt wurden (Edenhofer und Schmidt 2018). Die Autoren fordern ein deutsches Engagement für einen Mindestpreis im EU-ETS von zunächst 20 Euro/Tonne CO_2, der bis 2030 auf 35 Euro/Tonne CO_2 ansteigen soll. Gesetzt wird dabei auf eine europäische »Koalition der Willigen« (vgl. Macrons Vorschlag weiter unten), die auch bereit ist, durch eine zusätzliche flexible nationale CO_2-Steuer eine eventuell auftretende Differenz zum vereinbarten Mindestpreis auszugleichen. Darüber hinaus soll auch in den Non-ETS-Sektoren (Verkehr, Wärme) ein entsprechendes »CO_2-Signal« eingeführt werden, indem Deutschland, Frankreich und andere EU-Staaten ihre Energieabgaben in Richtung eines einheitlichen CO_2-Preises reformieren. Dadurch könnte dann die Stromsteuer, die ohnehin durch die Besteuerung auch

---

17 Vgl. zum Beispiel die Aktivitäten des »Vereins für eine nationale CO_2-Abgabe«, der mit mehr als 850 Mitgliedern (Stand 29.9.2018), darunter circa 100 Unternehmen und zahlreiche Vereine, Verbände und Kommunen, eine Reihe von detailliert begründeten Vorschlägen vorgelegt hat (https://co2abgabe.de).

von Strom aus erneuerbaren Energien – ebenso wie für Strom aus Kohle oder Gas – falsche Anreize setzt, auf ein Minimum reduziert werden. Bei einem einheitlichen CO_2-Preis von 20 Euro pro Tonne würde sich zum Beispiel für Benzin ein Aufschlag auf die bisherige Steuer von 4,6 Cent pro Liter und bei Diesel von 5,2 Cent pro Liter ergeben. Interessant ist der Vorschlag auch deshalb, weil erstmalig auch die Verteilungswirkungen bei der »Gestaltung des Strukturwandels« mitberücksichtigt werden sollen. Allerdings bleibt der Vorschlag hier vage, da lediglich »ein pauschaler Pro-Kopf-Transfer zur Rückverteilung der zusätzlichen Steuereinnahmen an die Bevölkerung in Erwägung gezogen werden (soll)« (ebd., S. 6). Zudem soll »ausgelotet werden, wie der regionale Strukturwandel abgefedert und neue Perspektiven auf wirtschaftliche Prosperität eröffnet werden können, ohne die Fehler der Vergangenheit zu wiederholen« (ebd., S. 6). Vermutlich soll hier angesprochen werden, dass durch Ansätze wie die der »Kohlekommission« Fehler in der Vergangenheit bei der Behandlung des Strukturwandels künftig vermieden werden sollen.

6.4 Den Handlungsrahmen der EU-Energie- und Klimapolitik ausschöpfen

Die Fortschreibung des Rechtsrahmens der EU-Energie- und Klimapolitik ist eine überaus komplexe Aufgabe, die hier nicht untersucht werden kann. Erfreulicherweise liegt aber eine aktuelle Stellungnahme von drei deutschen Forschungsinstitutionen vor, auf die hier Bezug genommen werden kann. Sie analysiert, welche Handlungsoptionen die EU und ihre Mitgliedsstaaten – vor allem Deutschland – zur Ausschöpfung des geltenden Rechtsrahmens zu Verfügung stehen. Ergebnis der Analyse sind vier Vorschläge, wie die Europäische Union und Deutschland durch eine offensive Governance dazu beitragen können, die unionsweiten und seit dem Pariser Übereinkommen völkerrechtlich verbindlichen Klimaschutzziele zu erreichen (vgl. BMU 2017; Nationale Akademie der Wissenschaften Leopoldina u. a. 2018). Drei der entwickelten Vorschläge werden hier kurz vorgestellt. Der vierte Finanzierungsaspekt wird in einem gesonderten Abschnitt dargestellt (Kap. 6.4).

6.4.1 Governance-Verordnung effektiv implementieren

Die Mitgliedsstaaten sind dazu aufgefordert, die iNEK-Pläne effektiv zu implementieren. Um dies zu gewährleisten, empfehlen die drei Forschungsinstitutionen eine Übernahme der Inhalte der iNEK-Pläne in nationale Gesetzgebung. In Deutschland bietet das im Koalitionsvertrag der derzeitigen Bundesregierung angekündigte Bundesklimaschutzgesetz eine Möglichkeit hierzu. Durch eine rechtsverbindliche Verankerung des iNEK-Plans in diesem Gesetz würde der deutsche Beitrag zu den EU-Zielen auf Bundesebene verpflichtend. So würden die nationalen mit den europäischen Zielen harmonisiert. Alternativ könnte der iNEK-Plan Teil eines rechtsverbindlichen Anhangs zu diesem Gesetz werden. So hätte Deutschland einen übergreifenden Rahmen, innerhalb dessen die Landesklimaschutzgesetze weiter gelten würden. Wichtig wäre es schließlich, den Kohleausstieg Deutschlands in dem Bundesklimaschutzgesetz mitzudenken.[18]

Um die vage Vorgabe der Kommission hinsichtlich einer Beteiligung der Öffentlichkeit bei der Erstellung der iNEK-Pläne zu verfestigen, sollten die Mitgliedsstaaten die Partizipationsmöglichkeiten verbindlich festlegen. Die Forschungsinstitute schlagen hier vor, dass Deutschland im Rahmen des Bundesklimaschutzgesetzes ebenfalls Vorgaben zur Beteiligung von Bürgerinnen und Bürgern festschreiben sollte. Vorbild für die von der Kommission vorgeschlagene »Plattform für einen Mehrebenen-Energiedialog« könnte der bestehende Konvent der Bürgermeister für Klima und Energie sein. Zur Mobilisierung aktiver Stakeholder-Beteiligung auf Landesebene haben sich szenariengestützte

---

18 Vgl. hierzu auch die Diskussionen innerhalb der Kommission für »Wachstum, Strukturwandel und Beschäftigung«, etwa unter https://www.kommission-wsb.de.

Stakeholder-Dialoge mit wissenschaftlicher Begleitung, wie bei der Erstellung des Klimaschutzplans/-gesetzes in NRW, bewährt.[19]

6.4.2 Nichtbefolgung der Governance-Verordnung sanktionieren

Auch wenn Sanktionierungsmaßnahmen im Rahmen der Governance-Verordnung nicht vorgesehen sind, ließen sich nach Einschätzung der Forschungsinstitutionen bei Nichtbefolgung Sanktionierungsmöglichkeiten über eine Verbindung mit dem Strukturfonds herstellen. Dies würde der Europäischen Union erlauben, über die Governance-Verordnung hinausgehende Sanktionen zu verhängen und für mehr Verbindlichkeit zu sorgen. Dazu müssten Fördergelder aus den Strukturfondsmitteln an die Erreichung der Klimaschutzziele durch die Mitgliedsstaaten beziehungsweise die Befolgung der Empfehlungen der Kommission bei Nichterreichung gebunden werden.

Zusätzlich bestünde die Möglichkeit, beispielsweise Umweltverbänden ein Klagerecht mittels der Aarhus-Konvention einzuräumen. Dafür müssten die iNEK-Pläne jedoch hinreichend konkret formuliert sein. In Deutschland müsste das Verbandsklagerecht um eine Kategorie für iNEK-Pläne erweitert werden.

6.4.3 Vorreiterallianzen bilden

Die Governance-Verordnung könnte durch Vorreiterallianzen von kooperationsbereiten EU-Mitgliedsstaaten (»Allianz der Willigen«) und gegebenenfalls Drittstaaten flankiert werden.

Denkbar wären nach Aussage der Forschungsinstitutionen Allianzen für eine CO_2-Bepreisung und einen Kohleausstieg. Bei einer CO_2-Preis-Allianz würde ein CO_2-Mindestpreis für alle Sektoren innerhalb der beteiligten Staaten vereinbart, der über dem ETS-Preis liegt. Eine Abstimmung mit dem europäischen Emissionshandelssystem (EU-ETS) ist notwendig, um einen Wasserbetteffekt (Emissionen,

---

19 Vgl. hierzu – in englischer Sprache – einen Überblicksartikel von Phillip Schepelmann (2018).

die an einer Stelle eingespart werden, kommen an anderer Stelle zusätzlich hinzu) zu verhindern. Dies könnte durch das Löschen von Zertifikaten geschehen.

Auf der COP 23 hat sich eine Kohleausstiegsallianz zwischen einigen Ländern mit einem nennenswerten Kohleanteil im nationalen Strommix gebildet. Ihr gehören elf europäische Staaten an (vgl. Powering Past Coal o. J.; UNFCCC 2017). Ein Beitritt Deutschlands zu dieser Allianz wäre ein starkes Signal an die anderen europäischen Länder mit einem ähnlich hohen Kohleanteil. Je mehr Staaten sich beteiligen, desto kohärenter und kosteneffizienter könnte ein gemeinsamer Kohleausstieg gestaltet werden.

Abbildung 24 stellt die verschiedenen Handlungsoptionen dar:

Die Governance stärken durch ...	Instrumentale Ausgestaltung	Akteure
Implementieren	1. Deutschen iNEK-Plan zum Kernbestandteil des geplanten Bundesklimaschutzgesetzes machen, ihn rechtsverbindlich verankern, um so nationale und europäische Klima- und Energiepolitik stärker zu verzahnen.	D
	2. Die nationale Kohleausstiegsstrategie bei der Erstellung des deutschen iNEK-Plans sowie der Langfriststrategie integrieren.	D
	3. Städte, Gemeinden und Bundesländer bei Erstellung und Umsetzung der iNEK-Pläne und Langfriststrategien intensiv einbeziehen durch • nationale Konkretisierung des Mehrebenen-Energiedialogs, • Einbindung bestehender Formate wie des »Konvents der Bürgermeister«.	D/EU
	4. Öffentlichkeitsbeteiligung bei Aufstellung der iNEK-Pläne und Langfriststrategien effektuieren durch • vereinheitlichende Leitlinien der EU-Kommission • Konkretisierung im geplanten Bundesklimaschutzgesetz.	D/EU
Finanzieren	1. Europäische Struktur- und Investitionsfonds mit iNEK-Plänen verknüpfen, indem energiepolitische Maßnahmen im Rahmen der anstehenden Fondsreformen gestärkt werden durch • Setzung spezifischer Förderziele wie zum Beispiel Energieeffizienz, • Kooperationsprojekte zur Bewältigung des grenzübergreifenden Strukturwandels in Kohleregionen.	D/mehrere EU-Mitgliedsstaaten gemeinsam

Die Governance stärken durch ...	Instrumentale Ausgestaltung	Akteure
Sanktionieren	1. Verbandsklagerechte zur Überprüfung des iNEK-Plans durch Anpassung des Umwelt-Rechtsbehelfsgesetzes (UmwRG) einführen.	D
	2. Unzureichende Umsetzung von Kommissionsempfehlungen durch Beschränkung von Strukturfördermitteln (ESI-Fonds) sanktionieren.	EU
Flankieren	1. Eine europäische CO_2-Preis-Allianz unter Berücksichtigung der Höhe des CO_2-Preises, der erfassten Sektoren und der konkreten Ausgestaltung bilden. Optionen: • jeweils eine nationale Preisuntergrenze der Primärauktionen von EU-ETS-Zertifikaten • »Gleitende« CO_2-Steuer zum EU-ETS-Zertifikatspreis • CO_2-Preis in Nicht-ETS-Sektoren.	Mehrere EU-Mitgliedsstaaten gemeinsam
	2. Einen CO_2-Preis in Deutschland einführen. Optionen: • durch eine am CO_2- und Energiegehalt orientierte Besteuerung der Primärenergieträger (umfassende Reform des Energiesteuerrechts), die auch Nicht-ETS-Sektoren erfasst, • auch möglich als »gleitende« Steuer zum EU-ETS-Zertifikatspreis.	D
	3. Eine internationale Kohleausstiegsallianz politisch priorisieren: • Vereinbarung eines Verbots von Kraftwerksneuerrichtungen zur Vermeidung von Lock-in-Effekten, • Einigung auf gemeinsamen Zeitrahmen für den Ausstieg, • Verankerung der Allianz in einem völkerrechtlichen Vertrag.	Mit Drittstaaten gemeinsam / mehrere EU-Mitgliedsstaaten gemeinsam
	4. Die Gestaltung des deutschen Kohleausstiegs stärker mit der europäischen Ebene abstimmen.	D

Abbildung 24: Handlungsoptionen (Nationale Akademie der Wissenschaften Leopoldina, acatech – Deutsche Akademie der Technikwissenschaften und Union der deutschen Akademien der Wissenschaften 2018, S. 57).

6.5 Transformationsfonds einrichten

Da aufgrund der Freiwilligkeit die Gefahr besteht, dass manche Mitgliedsstaaten ihre Klimaziele nicht entschieden genug verfolgen, schlagen die drei Forschungsinstitute vor, finanzielle Anreize für wirksame Emissionsreduktionen anzubieten. »Sozial-ökologische Transformationsfonds der Energiewende« könnten ein Schlüsselelement für die Förderung einer sozial-ökologischen Transformation und für die Anschubfinanzierung neuer Geschäfts- und Innovationsfelder werden.

Eine Finanzierung der Zielerreichung ist in dieser Form nicht in der Governance-Verordnung vorgesehen und geht somit über diese hinaus.[20] Dabei könnte auf bestehende Finanzierungsinstrumente zurückgegriffen werden. Eine Möglichkeit wäre, die Ziele von Klimaschutz und Strukturpolitik zu verbinden (siehe oben) und so Mittel aus dem Europäischen Struktur- und Investitionsfonds (ESI) zu nutzen. Im Entwurf der neuen Dachverordnung dieses Fonds sind Beiträge zu den Paris-Zielen und eine Verknüpfung der Mittelzuweisung für CO_2-arme Investitionen enthalten. In der Neufassung des Europäischen Fonds für regionale Entwicklung (EFRE) ist die Unterstützung von vom Strukturwandel betroffenen Regionen vorgesehen. Über den ESI-Fonds ist auch die Förderung einer regionenübergreifenden Förderung möglich. Mit einer Verknüpfung der Fonds könnten gemeinsame Energie- und Klimaschutzprojekte unterstützt werden (vgl. Europäische Kommission o.J.).

Der Ausschuss des EU-Parlaments für regionale Entwicklung (REGI) hat sich im Januar 2019 auf gemeinsame Bestimmungen und Finanzregeln für EU-Regionalfonds verständigt. Danach soll das europäische Budget für wirtschaftliche, soziale und territoriale Kohäsion im Zeitraum 2021 bis 2027 um 14 Prozent auf 378 Milliarden Euro erhöht werden.

---

20 In der Governance-Verordnung ist lediglich eine freiwillig einzurichtende Finanzierungsplattform für erneuerbare Energie vorgesehen (Nationale Akademie der Wissenschaften Leopoldina u.a. 2018, S.13).

»Im Hinblick auf Klimaschutz befürworten die EU-Abgeordneten im REGI eine Prüfung aller Fonds auf Klimaschutzkriterien (›Climate Proofing‹) […] Hinzu kommt die Forderung nach einer Ausgabenquote von mindestens 30 Prozent, die ausschließlich für Maßnahmen des Klimaschutzes vorgesehen ist. In den gemeinsamen Bestimmungen erteilen die Abgeordneten außerdem der Energieeffizienz und dem Ziel der Netto-Null-Emissionen Vorrang. Genauso sollen die Regionalfonds die sozial gerechte europäische Energiewende unterstützen« (Deutscher Naturschutzring 2019, S. 1).

Auch der bestehende Europäische Energieeffizienzfonds (EEEF) ist hinsichtlich seiner Zielsetzung (Unterstützung der Mitgliedsstaaten bei der Umsetzung ihrer Klimaschutzziele) ein Anknüpfungspunkt. Seine Organisationsform, das Finanzvolumen und die Förderkonzeption müssten aber verändert werden (vgl. BMWi Förderdatenbank 2018). Der EEEF ist eine öffentlich-private Partnerschaft mit einem Startvolumen von 265 Millionen Euro, wovon 125 Millionen Euro aus EU-Mitteln stammen. Der Fonds investiert in Klimaschutzprojekte (Effizienz, Erneuerbare, Mobilität) auf kommunaler und regionaler Ebene. Die Finanzierung zu Marktbedingungen kann beispielsweise in Form von Darlehen, Garantien oder Beteiligungen erfolgen. Statt langfristig orientierter Transformationsprojekte steht hier also die Rendite im Fokus.

Vor diesem Hintergrund ist die zitierte Stellungnahme der drei Forschungsinstitute zum Finanzierungsmechanismus noch zu allgemein gehalten; sie sollte hinsichtlich Format, Struktur und Finanzierung weiterentwickelt werden:
- Zunächst müssen die Transparenz und parlamentarische Kontrolle über die Verwendung der Mittel des Europäischen Fonds für Strategische Investitionen (EFSI) und des EFRE verstärkt werden. Vor allem sollte der inhaltliche Fokus auf die Förderung von »Just Transition«, das heißt auf eine sozialverträgliche Umsetzung von »Energy Efficiency First« (vor allem im Bereich der energetischen Gebäudemodernisierung), den dezentralen Ausbau

erneuerbarer Energien sowie grüner Innovationen (wie etwa virtuelle Kraftwerke) gelegt werden.
- Sinnvoll ist darüber hinaus auch eine enge Kooperation mit *nationalen* Transformationsfonds, wie sie der Wissenschaftliche Beirat der Bundesregierung Globale Umweltveränderungen (WBGU 2018) vorgeschlagen hat. Der WBGU plädiert für die Einrichtung von »Staatsfonds für zeitgerechten Strukturwandel zur Klimaverträglichkeit: Die Transformationsfonds sollen über Investitionen und Beteiligungen in Schlüsselindustrien die Umsetzung der Klima- und Nachhaltigkeitsziele beschleunigen und die erzielten Gewinne für die frühzeitige und antizipative Gestaltung zeitgerechter Prozesse des Strukturwandels einsetzen« (ebd., S. 4).
- Auch der Finanzierungsvorschlag des WBGU ist interessant: »Das Volumen des Transaktionsfonds sollte durch THG-Bepreisung aufgebaut werden, ergänzt durch Einnahmen aus einer reformierten Erbschafts- bzw. Nachlasssteuer« (ebd., S. 4). Während die Einspeisung von Erlösen aus Auktionen der CO_2-Zertifikate in einen Transformationsfonds auf geltende Praxis zugreift, würde durch den Steuervorschlag auch der Gedanke einer intergenerationellen Finanzierungsgerechtigkeit miteinbezogen.
- Der WBGU betrachtet den Fonds als einen selbstständig agierenden neuen Marktakteur, der unter parlamentarischer Kontrolle eine eigene langfristig und nachhaltig orientierte Anlagenstrategie, Gewinnverwendung und Investition praktiziert sowie bei unausweichlichen Verlusten von Arbeitsplätzen und Wertschöpfung eine »professionelle Begleitung des Strukturwandels« (ebd., S. 4) durchführt. Hinsichtlich dieser »sozialverträglichen Flankierung« ist der Vorschlag noch vage, doch er bezieht sich ausdrücklich auf die »Kohlekommission« und deren Vorschläge.
- Der WBGU plädiert weiterhin für die »möglichst gemeinschaftliche Einrichtung eines Transaktionsfonds auf EU-Ebene, eventuell zunächst erst in einer kleinen Gruppe von EU-Ländern« (ebd., S. 36). Auch das Europäische Parlament plädierte bereits 2017 für die Einrichtung eines Just-Transition-Fonds

aus den Auktionierungserlösen von Emissionszertifikaten »mit dem Ziel, Arbeitsmarkteffekte der Dekarbonisierung abzufedern« (vgl. ebd., S. 36; Europäisches Parlament 2017).

- In der Zusammenfassung des Europaparlaments-Vorschlags von 2017 heißt es, dass »zwei Fonds eingerichtet und durch Einnahmen aus der Auktionierung von Emissionshandelszertifikaten gespeist werden. Ein Modernisierungsfonds wird dazu beitragen, die Energiesysteme in den einkommensschwachen Mitgliedsstaaten zu verbessern, und ein Innovationsfonds wird finanzielle Unterstützung für Projekte im Bereich erneuerbarer Energien, CO_2-Abscheidung und -Speicherung (CCS) sowie CO_2-arme Innovationen bereitstellen. Die Abgeordneten schlagen auch einen ›Just Transition‹-Fonds vor, mit dem sie Einnahmen aus der Auktion dazu nutzen, den Qualifikationserwerb und die Vermittlung von Arbeitskräften zu fördern, die durch den Wandel von Arbeitsplätzen in einer dekarbonisierenden Wirtschaft betroffen sind« (ebd.).

Die Autoren plädieren sowohl für die Einrichtung eines gemeinsamen EU-Fonds (allerdings ohne die Förderung von Carbon Capture and Storage) als auch für die komplementäre Einrichtung von nationalen Staatsfonds zur sozial-ökologischen Transformation. Denn einerseits eröffnen die nationalen Fonds eine wesentliche zusätzliche Finanzierungs- und Demokratisierungschance: Sie können zum Beispiel innovativ aus der Erbschafts- und Nachlasssteuer (mit)finanziert werden und besser als ein EU-weiter Fond auf die regionalen Bedürfnisse ausgerichtet und parlamentarisch kontrolliert werden. Andererseits bestehen auf EU-Ebene Chancen zur Weiterentwicklung von EFSI und EFRE zu machtvollen Akteuren der Europäisierung der Energiewende – gerade auch zur Unterstützung von besonders vom Strukturwandel betroffenen Ländern wie Polen.

Bei der Einrichtung nationaler Fonds können vorliegende Erfahrungen in den jeweiligen Ländern genutzt werden.

Ein erfolgreiches Beispiel ist der staatliche österreichische Klima+Energie-Fonds. Er unterstützt jährlich mit bis zu 120 Millionen Euro Projekte in den

Bereichen Energie- und Mobilitätswende sowie Projekte gegen den Klimawandel und für den Bewusstseinswandel. Die Bandbreite umfasst Einzelprojekte bis hin zu Modellregionen. Der Fonds hat in den zehn Jahren seines Bestehens etwa 125.000 klimarelevante Projekte gefördert (vgl. BMNT 2018).

Auch in Deutschland liegen Erfahrungen mit staatlicher Förderung der Energiewende vor, die bei der Gründung eines nationalen Transformationsfonds berücksichtigt werden sollten: so etwa die KfW-Programme (vor allem im Gebäudebereich, siehe Kapitel 6.2), die Förderprogramme der Bundesstelle für Energieeffizienz (BfEE) innerhalb des Bundesamtes für Wirtschaft (BAFA), des Energieeffizienzfonds und der Nationalen Klimaschutzinitiative (NKI) sowie auch die Aktivitäten der Deutschen Energieagentur (Dena). Das Wuppertal Institut hat für eine Bundesagentur Energieeffizienz und Energiesparfonds (BAEff) ein Konzept entwickelt (vgl. Wuppertal Institut 2013).

Es ist zu prüfen, wie die Einrichtung von regionalen Räten sozial-ökologischer Transformation im Rahmen einer polyzentrischen Governance das partizipative Element bei der Etablierung eines nationalen Transformationsfonds stärken kann. Ein Mitspracherecht der Räte bei der Mittelvergabe würde der Konsensbildung bei den Förderschwerpunkten sowie der Effektivität und Akzeptanz bei der Umsetzung dienen.

7. Deutsch-französische Allianz: Treiber der europäischen Energiewende?

Die Nachbarstaaten Deutschland und Frankreich sind die europäischen Länder mit dem größten Primärenergieverbrauch – mit großem Abstand gefolgt von Italien, wenn Großbritannien austritt (vgl. EEA 2018a). 2016 lag der summierte deutsch-französische Energieanteil EU-weit bei etwas mehr als einem Drittel.

Genügen dieses energiewirtschaftliche Gewicht und das Portfolio an energiepolitischen Gemeinsamkeiten als »kritische Masse«, um eine deutsch-französische-Energiewendeallianz zu etablieren? Sicher ist das nicht, aber ein Versuch ist es unbedingt wert. Denn die Alternative, ein Dauerstreit über den französischen Atomstromanteil und über den späten deutschen Kohleausstieg, könnte die europäische Energiewende schlicht blockieren. Ein erster Schritt sollte sein, dass die potenziellen Allianzpartner ihre jeweilige energie- und klimapolitische Ausgangslage und Agenda besser kennenlernen und auch Verständnis für die zu lösenden Probleme entwickeln.

Stand und Perspektiven der deutschen Energiewende wurden in Abschnitt 4 dargestellt. Nachfolgend soll ein geraffter Überblick über den Stand in Frankreich und mögliche gemeinsame Anknüpfungspunkte für Kooperationen gegeben werden.

7.1 Der politische Rahmen: Macron an der Sorbonne (2017)

In seiner Rede »Initiative für Europa« an der Sorbonne im September 2017 rief der Staatspräsident Frankreichs Emmanuel Macron zur Neugründung eines souveränen, geeinten und demokratischen Europas auf (vgl. Macron 2017). Für den Aufbau einer europäischen Souveränität sind seiner Ansicht nach sechs Schlüsselelemente zentral:

1. ein Europa, das Sicherheit in all seinen Dimensionen gewährleistet
2. ein Europa, das auf die Herausforderung der Migration reagiert
3. ein Europa, dessen Blick auf Afrika und den Mittelmeerraum gerichtet ist
4. Europa als Vorreiter des wirksamen und ausgewogenen ökologischen Wandels
5. ein Europa der Innovation und der Regulierung, die an die digitale Welt angepasst sind
6. Europa als Wirtschafts- und Währungsmacht

Er hebt dabei auch die Vorbildfunktion Europas für eine nachhaltige Entwicklung hervor. Er fordert die Einführung eines fairen CO_2-Preises – ausreichend hoch, um die Kosten des Wandels zu decken[21] – sowie Hilfen für die vom Strukturwandel betroffenen Regionen. Für einen solchen Wandel sei ein europäischer Energiemarkt, »der wirklich gut funktioniert« (vgl. Macron 2017, S. 7) notwendig, ebenso der Wille und die Förderung einer Verbindung der Stromübertragungsnetze, um die erneuerbaren Energien zu jeder Jahreszeit ganz Europa zugute kommen zu lassen und, zu anderen Zeiten auch die französische Atomenergie.

Macron betont vier »Grundpfeiler« für eine europäische Energiepolitik:
- ein CO_2-Mindestpreis innerhalb der Europäischen Union,
- Vernetzung,
- Begleitung und Unterstützung der vom Strukturwandel stark betroffenen Regionen,
- eine CO_2-Steuer an den Grenzen Europas, um allen Unternehmen innerhalb Europas, die im internationalen Wettbewerb stehen, die gleichen Bedingungen zu garantieren.

Wichtig sei dabei eine verbindliche Zielsetzung. Ergänzend schlägt er ein europäisches Investitionsprogramm zur Förderung sauberer Fahrzeuge und zum Aufbau gemeinsamer Infrastrukturen vor. Für den Schutz der Verbraucher sei ein europäisches Untersuchungs- und Kontrollgremium wichtig. Schließlich sei eine transparentere, unabhängigere und besser finanzierte Forschung für die wissenschaftliche Bewertung der Energiewende auf europäischer Ebene notwendig (vgl. Macron 2017, S. 9). Dabei stellt er die gemeinsame europäische Energiepolitik in den Mittelpunkt des ökologischen Wandels.

---

21 Er bezieht sich dabei auf Studien, die eine Steuerungseffizienz eines CO_2-Preises erst ab einem Preis zwischen 25 und 30 Euro pro Tonne CO_2 belegen können.

7.2 Macrons Initiativen zur Energie- und Klimapolitik

Bereits vor seiner Wahl hatte Macron ein ambitioniertes Energie- und Klimapolitikprogramm angekündigt (vgl. En Marche! o. J.) und dazu den »grünen« Quereinsteiger Nicolas Hulot als Minister für den ökologischen und sozialen Übergang berufen (vgl. Steinfeldt 2017), der allerdings nach seinem Rücktritt im Sommer 2018 durch François de Rugy ersetzt wurde (vgl. Radio France. France Inter 2018). Einen Überblick über die Vorgeschichte gibt der folgende Kasten:

> Seit Beginn der 1990er-Jahre hat Frankreich seine Treibhausgasemissionen um 16 Prozent reduziert und gehört mit 6,9 Tonnen CO_2 pro Einwohner zu den Industrieländern mit den geringsten THG-Emissionen (vgl. Ministère de la Transition Écologique et Solidaire 2018:6). Seit dem Jahr 2000 versuchte Frankreich seine THG-Emissionen zunächst mithilfe seines ersten Klimaplans (Plan National de Lutte contre le Changement Climatique) zu reduzieren. Darauf folgten die nächsten Schritte:
>
> Gesetz für die Energiewende und grünes Wachstum (August 2015)
> Im Jahr 2015 beschloss die französische Regierung (unter Präsident Hollande) mit dem Gesetz für die Energiewende und grünes Wachstum (Loi de transition énergétique pour la croissance verte, LTECV; vgl. Französische Regierung 2015) umfassende Energie- und Klimaziele.
> Das Gesetz beinhaltete zwei neue Planungs- und Monitoringinstrumente:
> - Die nationale Dekarbonisierungsstrategie (Stratégie nationale bas-carbone, SNBC) setzt individuelle CO_2-Budgets für alle THG-emittierenden Sektoren fest, um die französischen Klimaziele zu erreichen (vgl. Ministère de la Transition Écologique et Solidaire 2015).
> - Die mehrjährige Programmplanung für Energie (Programmation pluriannuelle de l'énergie, PPE) fasst alle Aspekte einer Weiterentwicklung der französischen Energieversorgung in einer einheitlichen Strategie zusammen.[22] »Sie definiert verbindlich die

---

22 Dies umfasst die Themenblöcke Energieversorgung, Energieverbrauch, Versorgungssicherheit (Infrastrukturen und Flexibilität des Stromsystems), Verkehr sowie ökonomische und soziale Auswirkungen (Stavenhagen 2016, S. 3).

Ziele und Maßnahmen zur Weiterentwicklung der gesamten französischen Energieversorgung für den Strom-, Wärme- und Verkehrsverbrauch und zur Senkung des Energieverbrauchs« (Boyette 2018).

Erste nationale Dekarbonisierungsstrategie (November 2015)
Sie gab eine strategische Orientierung zur Dekarbonisierung Frankreichs vor.

Pariser Klimaübereinkommen (Dezember 2015)

Erster Energieplan (PPE) (Oktober 2016)
Der erste mehrjährige Energieplan enthält Vorgaben für Ziele und ein »carbon budget« für die Zeiträume 2016–2018 und 2019–2023.

Vorbereitung des zweiten Energieplans (PPE) (Juni 2017)
Beginn eines Konsultationsprozesses mit verschiedenen Akteuren zur Erarbeitung des zweiten PPE.

Klimaplan (Plan Climat) (Juli 2017)
Veröffentlichung des zweiten Klimaplans zur Umsetzung des Klimaübereinkommens von Paris. Der Plan enthält die nun ambitionierteren Ziele für Frankreich: eine CO_2-Neutralität bis 2050.

Workshops zur Überarbeitung des 2. PPE (Oktober 2017 – Januar 2018)
Zwischen Oktober 2017 und Januar 2018 fanden 24 Workshops zur Überarbeitung des PPE statt.

Öffentliche Debatte zum 2. PPE (März – Juni 2018)

Präsentation des Entwurfs des neuen (zweiten) Energie- und Klimaplans (PPE und SNBC) (November 2018)

Am 27. November 2018 wurde die überarbeitete französische Strategie für Energie und Klima für den Zeitraum 2018–2028 veröffentlicht.

Ausblick
Im ersten Trimester 2019 sind Konsultationen mit Beratungsausschüssen, der Öffentlichkeit und den Nachbarländern geplant. Im zweiten Trimester 2019 soll die finale Strategie veröffentlicht werden (vgl. Ministère de la Transition Écologique et Solidaire 2018, S. 30).

7.3 Der zweite Energie- und Klimaplan (2019–2028)

Die Langfriststrategie (2019–2028) beinhaltet den PPE und den SNBC, bündelt alle Ambitionen im Bereich der französischen Energiepolitik und legt den konkreten Energiemix für die geplanten Jahre fest (vgl. Deutsch-Französisches Büro für die Energiewende 2018).

PPE und SNBC basieren auf den gleichen Energieverbrauchsszenarien und müssen so übereinstimmen. So wird sichergestellt, dass auch sämtliche Wechselwirkungen mitberücksichtigt werden. Zur Entwicklung des PPE fand ein Konsultationsprozess mit den Stakeholdern auf dem Gebiet der Energiepolitik[23] sowie der Öffentlichkeit statt. Die Pläne werden regelmäßig überarbeitet (vgl. Boyette 2018).

Am 27. November 2018 legte Macron die aktualisierten Energie- und Klimapläne (PPE und SNBC) für den Zeitraum 2019 bis 2028 vor. Die Pläne wurden zuvor in einem Planungs- und Konsultationsprozess unter Einbindung der Öffentlichkeit entwickelt (vgl. Ministère de la Transition Écologique et Solidaire 2018). Da Macron mit dem Plan Climat (2017) eine Treibhausgasneutralität bis 2050 erreichen möchte, während die Vorgängerregierung lediglich eine Reduktion um 75 Prozent anstrebte (vgl. Boyette 2018, S. 3), musste er dementsprechend die Ziele anpassen. Als die geplante Erhöhung der CO_2-Steuer und die damit einhergehende Anhebung der bereits hohen Spritpreise bekannt wurden, begannen die Proteste der sogenannten »Gilets Jaunes« (Gelbwesten).

Mit Einführung dieser Strategie verfolgt die französische Regierung vier Ziele:
- Energieverbrauch reduzieren
- fossilen Energien den Rücken zukehren

---

23 »Neben dem Energiewenderat (Conseil national de la transition énergétique, CNTE) und dem Obersten Energierat (Conseil supérieur de l'énergie, CSE) haben auch der Expertenrat für die Energiewende (Comité d'experts pour la transition énergétique) sowie die französische Umweltbehörde (Autorité environnementale) Stellungnahmen zur PPE abgegeben« (Stavenhagen 2016, S. 3).

- durch eine Entwicklung der erneuerbaren Energien und einen Rückgang der Atomenergie den Energiemix diversifizieren
- die Begrenzung von Energiekosten, Bewahrung der Wettbewerbsfähigkeit von Unternehmen und Entwicklung von Arbeitsplätzen und Innovationen (vgl. Ministère de la Transition Écologique et Solidaire 2018).

Diese Ziele werden in 20 Leitlinien für die verschiedenen Sektoren spezifiziert (Ministère de la Transition Écologique et Solidaire 2018, S. 4–5).

Mit dem PPE und der nationalen Strategie zur CO_2-Reduktion wird das Ziel der CO_2-Neutralität bis 2050 verfolgt. Dies wurde bereits 2017 im Plan Climat festgelegt. Hier hatte man sich auf einen CO_2-Preis von 86,2 Euro proTonne CO_2 bis 2022 und 100 Euro pro Tonne CO_2 bis 2030 festgelegt (vgl. Boyette 2018). Für eine weitere Erhöhung des CO_2-Preises wurde aufgrund der Proteste der Gelbwesten ein Moratorium bis Mitte 2019 verhängt (s. u.). Eine Auswahl der im Energie- und Klimaplan benannten Ziele der französischen Regierung ist nachfolgend aufgelistet.

	2020	2022	2023	2028	2030	2035
Treibhausgasemissionen						
Energiebedingte THG-Emissionen			277 Mt CO_2	227 Mt CO_2		
CO_2-Steuer (€/tCO_2) (Moratorium bis Mitte 2019)	·					
Effizienz und Verbrauch						
Endenergieverbrauch (ggü. 2012)			-7 %	-14 %		
Primärenergieverbrauch fossiler Energieträger (ggü. 2012)			-20 %	-35 %		
Erneuerbare Energien						
Verbrauch erneuerbarer Wärme			196 TWh	218–247 TWh		
Anteil Biogas am Gasverbrauch					10 %	

	2020	2022	2023	2028	2030	2035
Installierte Leistung erneuerbarer Stromerzeugung (ggü. 2017)			+50 %	+100 %		
Atomkraft						
Nukleare Stromproduktion	Abschalten der beiden AKW in Fessenheim				Schließung von 4–6 weiteren AKW nach Fessenheim	Schließung von 14 AKW
Anteil Atomkraft am Strommix (71 % in 2018)						50 %[24]
Kohlekraft						
Anteil der Kohle an der Stromproduktion		0 %[25] (Kohleausstieg)				
Wirtschaft						
Wirtschaftswachstum (ggü. Referenzszenario)			+1,2 % des BIP	+1,8 % des BIP		
Beschäftigung (zusätzlich zum Referenzszenario)			+246.000 Arbeitsplätze	+420.000 Arbeitsplätze		
verfügbares Haushaltseinkommen (Bruttosteigerung der Kaufkraft ggü. Referenzszenario)			+1,1 %	+2,3 %		
Energiearmut (im Vgl. zu 11,5 % in 2017)				9,5 %		

Tabelle 1: Ziele der französischen Regierung in ihrem Entwurf des iNEK-Plans 2018 (unvollständige Auswahl)
Quelle: eigene Darstellung, basierend auf Ministère de la Transition Écologique et Solidaire (2018)

---

24 Dies entspricht den Plänen der Vorgängerregierung, der Macron angehörte.
25 Schließung der letzten Kohlekraftwerke bis 2022.

Zur Erreichung der Ziele formuliert die französische Regierung unter anderem sieben zentrale Maßnahmen:
- weitere Erhöhung der 2014 eingeführten CO_2-Steuer
- Einführung eines CO_2-Mindestpreises im Stromsektor auf europäischem Niveau; weiterhin soll die Festsetzung eines CO_2-Preises für alle Sektoren außerhalb des EU-ETS vorangetrieben werden.
- Bis Anfang 2020 sollen Ziel und Modalitäten für die nächsten beiden Perioden des »Apparats« der Energieeinsparzertifikate/Energieeffizienzzertifikate (»weiße Zertifikate«) definiert werden.
- Hilfen zur Verbesserung der Gesamteffizienz von Gebäuden
- Einführung von Heizungstauschprämien für auf Heizöl- und Kohle basierende Heizungen
- Diversifizierung des Strommixes durch eine Förderung der erneuerbaren Energien im Umfang von 71 Milliarden Euro im Zeitraum von 2018 bis 2028
- Abschaltung von 14 Atomkraftwerken bis 2035: Die beiden KKWs in Fessenheim sollen bereits 2020 vom Netz gehen.
- Kohleausstieg bis 2022
- Erhöhung der Autotauschprämie für sozial schwache Haushalte
- Dialog mit dem Stromerzeuger Électricité de France (EDF) bezüglich seiner Rolle in diesem Wandelprozess

(vgl. Hello Watt 2018; Ministère de la Transition Écologique et Solidaire 2018)
Über die Einnahmen aus der CO_2-Steuer[26] soll die Energiewende in Frankreich finanziert werden.

---

26 Die Taxe intérieure de consommation sur les produits énergétiques (abgekürzt TICPE oder TIPP) wurde 2014 in Frankreich eingeführt.

7.4 Reaktionen auf die Proteste der »Gilets Jaunes«

Seit Oktober 2018 hat sich in Frankreich die Bewegung der »Gilets Jaunes« (Gelbwesten) gebildet. Die Anhänger kommen aus sehr verschiedenen politischen Lagern. Vom 17. November bis zum 12. Januar 2019 gab es zahlreiche Straßensperrungen und an neun Samstagen größere Demonstrationen der »Gilets Jaunes« in verschiedenen Städten Frankreichs – und auch außerhalb.[27] Anlass für die Proteste war die Anhebung von Diesel- (um 7,6 Cent/Liter) und Benzinpreis (um 3,9 Cent/Liter), nachdem Macron als Maßnahme zur Durchführung und Finanzierung der Energiewende die CO_2-Steuer vor allem auf fossile Kraftstoffe erhöht hatte (vgl. Französische Botschaft in Berlin 2018). Später folgten Forderungen der »Gilets Jaunes« nach einer generellen Steuersenkung, der Anhebung von Mindestlohn und Renten sowie der Abhaltung eines basisdemokratischen Referendums auf Initiative der BürgerInnen (*référendum d'initiative citoyenne* – RIC) zu diesem Thema.[28] Die »Gilets Jaunes« verlangen von Macron Teilhabe an der Gestaltung der Politik. Viele fordern seinen Rücktritt.

Am 4. Dezember 2018 verkündete Premierminister Philippe ein Moratorium für mehrere fiskalisch-politische Maßnahmen ab dem 1. Januar 2019 für sechs Monate, darunter die CO_2-Steuer, und eine einheitliche Besteuerung von Diesel und Benzin (vgl. Französische Regierung 2018a). Am Tag darauf kündigte er eine Debatte über die CO_2-Steuer und ihre Auswirkungen auf die Kaufkraft in der Nationalversammlung an. Sein Wunsch dabei: keine höhere Neuverschuldung (vgl. Französische Regierung 2018b).

Am 10. Dezember – einen Monat nach Aufflammen der Proteste – wandte sich Macron in einer Ansprache an die französische Nation und ging darin auch auf die Forderungen der »Gelbwesten« ein. Er versprach, den Franzosen

---

27 Die Bewegung hat sich mittlerweile auch über die Grenzen Frankreichs hinaus ausgeweitet.
28 Die gesamten Forderungen der »Gilets Jaunes« sind hier nachzulesen: https://de.scribd.com/document/394450377/Les-revendications-des-gilets-jaunes.

ihre Kaufkraft zurückzugeben,[29] und kündigte Entlastungen von Rentnern mit einem Monatseinkommen unter 2.000 Euro an. Der Präsident erläuterte auch seine Position zur Abschaffung der Vermögenssteuer im Jahr 2017,[30] die er nicht zurückzunehmen gedenkt. Er versprach effektivere Maßnahmen gegen Steuerflucht und die Besteuerung von Internetkonzernen sowie einen nationalen Dialog (Grand débat national) zu den Reformen mit Fokus auf die folgenden Themen: Energiewende, Besteuerung, Demokratie und Bürgerschaft sowie die Organisation des Staates und seiner öffentlichen Dienstleistungen (vgl. Französische Regierung 2018d; Tagesspiegel 2018).

Am 21. Dezember 2018 erklärte die Regierung, dass dieser große nationale Dialog (Édouard Philippe: un débat pour »permettre à tous les Français de dire ce qu'ils souhaitent ou ce qu'ils ne souhaitent pas«) am 15. Januar 2019 beginnen solle (vgl. Französische Regierung 2018e und f).

Anfang des Jahres 2019 kündigte die französische Regierung strengere Maßnahmen gegen vermummte und randalierende Demonstranten bei gleichzeitigem Schutz des Demonstrationsrechts an (vgl. Französische Regierung 2019a). Außerdem koordinierte sie ihre Politik neu und machte deutlich, dass nach Einführung einer Reform die Auswirkungen auf die Bevölkerung im Fokus stehen müssten (vgl. Französische Regierung 2019b). Die Regierung sicherte zu, ihre Reformen zu überarbeiten.

Zum Jahreswechsel veröffentlichte sie einige Änderungen in ihrer Politik, wie zum Beispiel die Rücknahme der Erhöhung der CO_2-Steuer, eine Erhöhung des Mindestlohns und Steuererleichterung für gering verdienende Rentner. Der Plan zur Bekämpfung der Armut, der im September 2018 angekündigt worden war, trat unter dem Motto »in die Solidargemeinschaft investieren« (#InvestirDansLesSolidarités) in Kraft (vgl. Französische Regierung 2019 g und a).

---

29 Durch eine Erhöhung des Mindestlohns um 100 Euro netto pro Monat, ohne dass dies die Arbeitgeber etwas kosten soll. Wie er diese Erhöhung finanzieren will, bleibt offen. Weiterhin sollen Überstunden steuerbefreit werden. Es soll aber eine freiwillige Prämie der Arbeitgeber für Arbeitnehmer geben.
30 Im Jahr 2017 hatte Macron die Vermögenssteuer abgeschafft (Spiegel Online 2017).

7.5 Die Atomenergiefrage: Ein lösbarer Streitpunkt?[31]

Wie oben erwähnt, hatte Frankreich 2015 ein Energiewendegesetz (Transition énergétique) beschlossen, das eine CO_2-Reduktion von 75 Prozent bis 2050 (Basis 1990), ein Zurückfahren des Atomstromanteils auf 50 Prozent (bis 2025), einen Anteil erneuerbarer Energien von 32 Prozent (2030) und eine Verminderung des Endenergieverbrauchs um 50 Prozent (2050) vorsieht. Von Anfang an gab es Skepsis, ob die damalige Regierung unter Präsident Hollande diese durchaus ehrgeizigen Ziele durchsetzen kann.

Präsident Macron hat im November 2018 dieses Programm in einem wesentlichen Punkt korrigiert (siehe oben): Nicht bis 2025, sondern erst bis 2035 soll der Atomstromanteil auf 50 Prozent sinken. Das AKW Fessenheim soll 2020 vom Netz gehen, gefolgt von weiteren 14 der ältesten AKWs, die bis 2035 abgeschaltet werden sollen. Von einem Atomausstieg ist jedoch keine Rede – EDF soll sogar bis 2021 Pläne für einen möglichen Neubau vorlegen. Zwar soll die installierte Windkraftleistung bis 2030 verdreifacht und diejenige von Photovoltaik vervierfacht werden, doch gemessen an einer relativ geringen Kapazität von 13,7 GW (Wind) und von 7,7 GW (PV) Ende 2017, bliebe Frankreich bei diesen Ausbauplänen für 2030 noch deutlich unter seinen Möglichkeiten. Das große Problem ist: Französische Regierungen haben ihr Land mit dem – auch militärisch motivierten – forcierten Ausbau der Atomenergie in eine fatale Abhängigkeit von der Atomenergie manövriert (Association négaWatt 2017; vgl. energiezukunft 2015).

Doch es gibt Alternativen: Analysen zeigen, wie Frankreich trotz dieses Dilemmas durch forcierte Energieeinsparung, Verhaltensänderung (Suffizienz) und massiven Ausbau erneuerbarer Energien forcierten Klimaschutz bis 2050 (»carbon neutral France«) mit dem Ausstieg aus der Atomenergie (bis 2035) verbinden kann. Das »négaWatt-Szenario« errechnet für eine nachhaltige

---

31 Siehe auch Hanke (2018).

Energiezukunft Frankreichs bis 2050 die Optionen, den Endenergieverbrauch zu halbieren, den Ausbau von Windenergie an Land und auf See auf 67 GW anzuheben und auch die Photovoltaikkapazität auf 140 GW zu erhöhen. Frankreichs CO_2-Emissionen lägen dann nahezu bei null, der Rest würde durch biogene Kohlenstoffsenken absorbiert. Obwohl dabei die Investitionen für die Energiewende im Vergleich zu einem »Business-as-usual«-Szenario nahezu verdoppelt würden, ist wegen der eingesparten Energiekosten das négaWatt-Szenario auch wirtschaftlich vorteilhafter und würde bis 2050 etwa 500.000 zusätzliche Arbeitsplätze durch beschäftigungsintensive Branchen der Energiewende schaffen. Interessant ist, dass dabei nicht nur Effekte einer Suffizienzpolitik, sondern auch – im Sinne einer »Circular Economy« – die Entkopplung des Ressourcenverbrauchs analysiert und quantifiziert wird: »Der Anstieg der Reparatur-, Recycling- und Wiederverwendungsaktivitäten kann den Rohstoffbedarf halbieren, selbst wenn die Entwicklung erneuerbarer Energien berücksichtigt wird, die einige Ressourcen benötigen.« (Association négaWatt 2017, S. 3).

8. Ansatzpunkte für eine deutsch-französische Energiewendeallianz

Im Juli 2018 unterzeichneten Deutschland und Frankreich eine deutsch-französische Energiedeklaration (BMWi 2018c), die, wenn sie engagiert umgesetzt werden würde, einen deutlichen Signaleffekt für andere EU-Mitgliedsländer haben könnte. Mit dieser Erklärung bekräftigen die beiden Staaten ihre Zusammenarbeit auf den Zukunftsfeldern erneuerbare Energien, Energieeffizienz und bei der einschlägigen Industrie. Der Eingangssatz der Deklaration könnte zur Präambel eines regelrechten Kooperationsvertrages zur Energiewende werden: »Frankreich und Deutschland sehen die Energiewende (energy transition) als gewaltige Gelegenheit, mit Modernisierung, Innovation, Digitalisierung und

Beschäftigungsfeldern zur zukünftigen Wohlfahrt Europas beizutragen« (Übersetzung aus dem Englischen). Die besondere Verantwortung Europas bestehe darin, mit der Energiewende »der Welt zu beweisen, dass Dekarbonisierung ein erfolgreiches Modell sein kann« (Übersetzung aus dem Englischen). Vor diesem Hintergrund begrüßt die Deklaration das »Clean Energy for all Europeans«-Paket der EU-Kommission, das den Kurs der europäischen Energiepolitik im nächsten Jahrzehnt bestimmen würde. Auch die Bekräftigung ambitionierter Klimaschutzziele und die Prüfung einer CO_2-Bepreisung sind Teil der Vereinbarung. Interessant ist der Hinweis, dass Frankreich in seinem integrierten Energie- und Klimaplan »voraussichtlich die Reduktion des nuklearen Anteils am Strommix auf 50 Prozent« vornehmen wird, zusammen mit »einem Anstieg erneuerbarer Energien und der Stilllegung des letzten Kohlekraftwerks Ende 2022« (ebd.). Deutschland verweist auf das Ende der Atomenergie ebenfalls im Jahr 2022 [!] und auf die seinerzeit erst eingesetzte Kohlekommission zur Konsensfindung über das Ende der Kohleverstromung. Inzwischen ist der damalige Minister für Ökologie, nachhaltige Entwicklung und Energie, Nicolas Hulot, zurückgetreten, und Macron hat das Zieljahr für die 50-prozentige Reduktion des Atomstromanteils vom Jahr 2025 auf 2035 korrigiert (siehe oben).

Die Deklaration stellt Deutschland bei einem Kohleausstieg 2038 (nach den Ergebnissen der Kohlekommission) vor Probleme der Glaubwürdigkeit beim Klimaschutz. In Frankreich werden zwar Atomkraftwerke geschlossen werden, allen voran Fessenheim. Aber ein grundsätzlicher Ausstieg ist noch nicht in Sicht. Deutschland weigert sich zudem bisher, den französischen Vorschlag für die Einführung einer (möglichst europaweiten) CO_2-Steuer zu unterstützen.

Präsident Macron hatte bei seiner europäischen Grundsatzrede an der Sorbonne im September 2017 vorgeschlagen, einen Mindestpreis zwischen 25 und 30 Euro pro Tonne CO_2 einzuführen. Zur Vermeidung von Wettbewerbsnachteilen solle an den europäischen Grenzen ein Grenzausgleich vorgenommen werden. Es muss aber sichergestellt werden, dass durch die notwendige CO_2-Bepreisung nicht eine indirekte Atomförderpolitik betrieben wird. Wenn dies nicht wie in Deutschland durch einen klar definierten Ausstiegsplan flankiert wird, sollten äquivalente andere Maßnahmen zur Internalisierung der externen Kosten der Atomenergie (etwa eine Brennelementesteuer) eingeführt werden.

Damit steht die deutsch-französische Energiewendeallianz vor einem Dilemma: Einerseits ist der gemeinsame Wunsch erkennbar, die sozial-ökologische Transformation des Energiesystems in Europa durch die bilaterale Zusammenarbeit zu beschleunigen. Andererseits sind die Atomprobleme Frankreichs und die Kohleprobleme Deutschlands noch nicht vom Tisch.

Das muss aber den Wunsch nach einer intensivierten Energiekooperation nicht stoppen, wie Anfang 2019 auch auf höchster Ebene bestätigt wurde.

Der Élysée-Nachfolgevertrag, der am 22. Januar 2019 in Aachen unterzeichnet wurde (vgl. Bundesregierung 2019), bietet einen aktuellen Anlass und eine hochrangige Grundlage, um eine deutsch-französische Allianz für die Energiewende weiter mit konkretem Inhalt zu füllen. Mit dem Vertrag von Aachen beabsichtigen die Regierungen Deutschlands und Frankreichs, die Beziehungen zwischen beiden Staaten auf eine neue Stufe zu heben. Er sieht unter anderem eine intensivere Zusammenarbeit im Bereich der äußeren und inneren Sicherheit sowie der Kultur- und Bildungspolitik vor und will das grenzüberschreitende Zusammenwachsen von Regionen fördern.

Der Vertrag trifft in zwei Artikeln Aussagen zur Energie- und Klimapolitik, spart dabei aber Streitthemen aus und bleibt vergleichsweise allgemein. In Artikel 18 verpflichten sich die Vertragspartner dazu, den Klimaschutz in allen Politikbereichen zu berücksichtigen und regelmäßige Regierungskonsultationen dazu durchzuführen. Artikel 19 beinhaltet die Absichtserklärung, »den institutionellen Rahmen zur Finanzierung, Vorbereitung und Umsetzung gemeinsamer Vorhaben, insbesondere in den Bereichen Infrastruktur, erneuerbare Energien und Energieeffizienz«, zu stärken.

Es gibt zahlreiche weitere Anknüpfungspunkte, die Kooperation zwischen Frankreich und Deutschland auf dem Feld der Energiewende zu verstärken. Davon sollen hier nur zwei herausgegriffen werden:

In der »Erklärung von Meseberg« (vom 19. Juni 2018) haben sich Deutschland und Frankreich in der Frage Klimaschutz darauf verpflichtet, »das Übereinkommen von Paris auf allen Ebenen ehrgeizig umzusetzen«. Dafür wird vereinbart, »eine gemeinsame interministerielle hochrangige Arbeitsgruppe zum Klimawandel einzusetzen, um die Zusammenarbeit bei diesem Querschnittsthema zu intensivieren und gemeinsame Auffassungen zur Energie sowie Instrumente zur Freisetzung nachhaltiger finanzieller und wirtschaftlicher Anreize zu entwickeln, was auch das Thema Bepreisung von Kohlenstoffemissionen umfasst« (Bundesregierung 2018a).

Im November hat eine deutsch-französische Gruppe von über 50 Parlamentariern eine Erklärung an Präsident Macron und Bundeskanzlerin Merkel mit folgender Forderung verfasst: »Sehr geehrte Frau Bundeskanzlerin, sehr geehrter Herr Präsident der Republik, lassen Sie uns gemeinsam den New Deal der Energiewende wagen« (vgl. Parlamentarier-Appell für koordinierte Energiewende o. J.). Die Erklärung ist allgemein gehalten, bekräftigt aber das »gemeinsame Ziel«, den französischen Energieplan und die Ziele des deutschen Kohleausstiegs aufeinander abzustimmen: »Ein mehrjähriger Energieplan, der die Schließung einer maßgeblichen Anzahl von Atomkraftwerken festsetzt, um bald möglichst die 50 % Nuklearstrom im Strommix zu erreichen, würde das Misstrauen an der französischen Energiepolitik in der deutschen Zivilgesellschaft, in der Regierung und bei Wirtschaftsakteuren aufheben. Die deutsche Regierung könnte sich ihrerseits für den Kohleausstieg entscheiden, ohne das Risiko einzugehen, Atomstrom einführen zu müssen.«

Ob es ausreicht, durch »die Reduzierung des Atomstroms in Frankreich sowie die Schließung der Kohlekraftwerke in Deutschland« hinreichend Vertrauen für eine engere deutsch-französische Energiewendekooperation aufzubauen, hängt von weiteren Voraussetzungen ab. Ob es zum Beispiel gelingt, eine gemeinsame Position hinsichtlich des von Macron geforderten CO_2-Mindestpreises oder zur Rolle der Atomkraft im zukünftigen europäischen Energiemix zu finden, ist nicht nur eine Frage der jeweiligen politischen Mehrheiten und des politischen Willens. Hier steht Deutschland in der besonderen Verantwortung, glaubwürdig zu demonstrieren, dass ein gestalteter Ausstieg sowohl aus der Atomenergie als auch aus der Kohle nicht nur für Deutschland, sondern auch für Europa vorteilhaft ist. Verbunden mit massivem Druck der Zivilgesellschaft auf Partikularinteressenten wie die Atomindustrie in Frankreich und den fossil-industriellen Komplex in Deutschland, hat eine deutsch-französische Energiewendeallianz durchaus eine Chance.

9. Europäischer Ausblick

Vor dem Hintergrund des Aachener Vertrages sollte daher auf die konkretere Deklaration von Juli 2018 zurückgegriffen werden (siehe oben). Ausgehend von der Deklaration, sollte geklärt werden, mit welcher weiteren Zielsetzung zu den Konsenspunkten – Energieeffizienz und Ausbau erneuerbarer Energien – und in welchen Formaten die Zusammenarbeit intensiviert werden könnte. So könnten gemeinsame Studien/Szenarien zur Wasserstoffwirtschaft, technologische Plattformen von GreenTech-Industrien, innovative Pilotprojekte besonders im Bereich Ressourcen- und Energieeffizienz, wissenschaftliche Beratungsgremien, Arbeitsgruppen etc. vorbereitet und zum gegenseitigen Nutzen implementiert werden. Offensichtlich besteht in Bezug auf einen möglichst weitgehenden französischen Atomausstieg und einen möglichst schnellen Ausstieg aus der Kohle noch erheblicher Untersuchungsbedarf, vor allem auch auf dem Feld einer sozial- und wirtschaftsverträglichen Transformation (»Just Transition«).

Das französische Beispiel macht eines besonders deutlich: Bei der Umsetzung und Finanzierung der Energiewende müssen mögliche soziale Auswirkungen sorgfältiger als bisher antizipiert werden. Denn selbst scheinbar kleine Fehler im Design von preiserhöhenden Maßnahmen (vgl. Kap. 7.4) können – wie die Bewegung der »Gilets Jaunes« zeigt – zum Zündfunken für angehäuften sozialen Sprengstoff werden, der sich bereits vor und unabhängig von der Energiewende angesammelt hat (vgl. Kapitel 7.4).

Das französische Ministerium für ökologischen und solidarischen Übergang (Ministère de la Transition écologique et solidaire) besitzt gute Voraussetzungen, aus den vergangenen Fehlentscheidungen rasch zu lernen und Themen aus den Bereichen Energiewende und Soziales von Anfang an integriert zu betrachten und zu Lösungen zu führen.

Kann eine deutsch-französische Allianz also zum Treiber der Europäisierung der Energiewende werden? Um die Frage mit »Ja« beantworten zu können, müsste Frankreich in Richtung Risikominimierung (stufenweiser Ausstieg aus der Atomenergie) und Deutschland in Richtung Dekarbonisierung (stufenweiser Ausstieg aus der Kohle) weiter vorangehen. Warum sollte man nicht im Rahmen einer deutsch-französischen Kooperation zu »Just Transition« in beiden Ländern und zur Weiterentwicklung des »Deals« (s. o.) einen hoch angesiedelten und ergebnisorientierten Energiewendedialog führen (siehe unten)?

Der Erfolg eines solchen Dialogs ist an viele Voraussetzungen gebunden: Es bedarf der Kontinuität, es bedarf der wissenschaftlichen Fundierung (ähnlich wie bei Studienprogrammen von Enquetekommissionen), die wissenschaftliche Politikberatung sollte unabhängig, aber politiknah gestaltet werden, und wechselseitiges, respektvolles Lernen voneinander statt Belehrungsattitüde ist unabdingbar. Mit dem German-Japanese Energy Transition Council konnten hier seit 2016 gute Erfahrungen gesammelt werden (vgl. GJETC 2018).

Beim europäischen bi- und multilateralen Wissensaustausch könnte die erfahrene und pluralistische wissenschaftliche »Szenario-Community« in Deutschland eine wichtige Rolle spielen. Denn wie am Beispiel der deutschen Energiewende demonstriert wurde, ist ein szenariengestützter und möglichst partizipativer Politikstil ein wesentlicher Erfolgsfaktor für die Energiewende. Man könnte argumentieren, dass der labile Zustand Europas und die derzeit dominanten Themen wie Migration oder der Brexit nicht gerade die besten Voraussetzungen für weitere konkrete Schritte zu einer Europäisierung der

Energiewende bieten. Diese Ansicht teilen wir nicht. Im Gegenteil: Der Klimaschutz als ökologische Notwendigkeit könnte vielmehr – wie hier gezeigt – mit der Möglichkeit einer europäischen Fortschrittsvision verbunden werden. Das Europäische Parlament hat trotz aller Probleme und widerstreitenden Interessen das Thema »Maßnahmen zur Bekämpfung des Klimawandels« als ein aktuelles »Topthema« gelistet (vgl. Europäisches Parlament 2019). Wer ambitionierten Klimaschutz will, wird auch zu einer Europäisierung der Energiewende »Ja« sagen.

Wenn die nach einem möglichen Brexit beiden größten europäischen Industriestaaten eine Zusammenarbeit bei der Erreichung der Energie- und Klimaziele eingehen würden, wäre das ein deutliches positives Signal an die anderen Mitgliedsstaaten und zugleich ein großer Schritt bei der Umsetzung der europäischen Klimaziele.

Es ist dabei wichtig, all diese Kooperationsaktivitäten auf der Grundlage von Stakeholder-Dialogen und öffentlichen Anhörungen aufzubauen. Zumindest Vertreter der Industrie, der Gewerkschaften, der Umweltverbände und der Wissenschaft sollten einbezogen werden.[32]

Wie oben gezeigt, sieht der Bundesverband der Deutschen Industrie (BDI) die wirtschaftlichen Chancen des Klimaschutzes und der Energiewende für den Standort Deutschland heute positiv. Inzwischen wird von großen Teilen der Industrie auch anerkannt, dass diese Chancen nicht gegen Europa, sondern im Rahmen eines stärker integrierten Europas und zum Nutzen aller Mitgliedsstaaten realisiert werden könnten.

Erst kürzlich hat die deutsche Industrie ihr Interesse an einer verstärkten Integration Europas betont und gleichzeitig – aus wirtschaftlichem und politischem Gesamtinteresse an Stabilität – Zurückhaltung in Bezug auf die einseitige Durchsetzung deutscher wirtschaftspolitischer Interessen angemahnt:

---

32 Die partizipative Erstellung des Klimaschutzplans NRW könnte hierfür als erfolgreiches Beispiel dienen.

»Die deutschen Unternehmen wollen mehrheitlich keine stärkere Durchsetzung wirtschaftspolitischer Interessen Deutschlands innerhalb der EU, sondern fordern stattdessen eine Vertiefung der Integration. Neben dem Brexit betrachten die Unternehmen den fehlenden Zusammenhalt in der EU und den wachsenden Nationalismus als die größten Herausforderungen für Europa. Die Unternehmen zeigen durch ihre Aussagen ihr Krisenbewusstsein, aber auch ihre Folgerung aus der Krise: Sie fordern mehr Europa« (forsa u. a. 2019).

Eine deutsch-französische Innovationsallianz auf dieser Grundlage und unter besonderer Einbeziehung »grüner« Industrien könnte dazu beitragen, Bremsklötze durch nukleare und fossile Partikularinteressen abzubauen und die Energiewende, eine vollständige Dekarbonisierung und Risikominimierung durch Ausstieg aus der Atomenergie, zu beschleunigen. Denn die Erfahrung in Deutschland hat gezeigt, dass es besonders diese Partikularinteressen sind, die gesamtwirtschaftliche Investitions- und Innovationshemmnisse schaffen, welche die Marktdynamiken für eine Effizienzrevolution und erneuerbare Energien blockieren (vgl. Hennicke und Welfens 2012). Wenn Frankreich und Deutschland beim Abbau dieser Hemmnisse entschieden vorangingen, dann würde dies Europa zweifellos der konkreten Utopie, der Europäisierung der Energiewende, ein erhebliches Stück näher bringen.

10. Epilog: Transantlatischer Traum

Aber auch die europäische Energiewende muss im globalen Kontext gesehen werden, denn sie kann durch Entwicklungen in anderen Großräumen gebremst und beflügelt werden. Wir werfen daher abschließend noch einen Blick auf die USA. Dieser Blick ist heute oft getrübt, weil Präsident Trump, ein politisches Irrlicht, die meiste mediale Aufmerksamkeit auf sich zieht. Trump verdankt das Präsidentenamt dem amerikanischen Wahlmännersystem und teils fragwürdigen Handlungen im Wahlkampf (siehe die sogenannte E-Mail Affäre), aber er konnte weniger Wähler auf sich vereinen (46,09 Prozent) als Hillary Clinton (48,18 Prozent). Das »andere Amerika« war also immer existent, und in vielen Bundesstaaten (etwa Kalifornien), in Tausenden von Städten, in zahlreichen Unternehmensallianzen und in der Zivilgesellschaft hat sich trotz Trump vieles in eine ambitioniertere Richtung von Klima- und Ressourcenschutz bewegt als zuvor.

Abschließend soll hier nur die Bewegung »Green New Deal« erwähnt werden, deren Inhalte und Forderungen auffallende Parallelen zu der hier dargestellten sozial-ökologischen Transformation aufweisen. Große mediale Aufmerksamkeit hat sie durch eine »Resolution« erhalten, die Alexandria Ocasio-Cortez, eine neu gewählte Abgeordnete im Repräsentantenhaus, Anfang Februar 2019 eingebracht hat. Der demokratische Senator Ed Markey und weitere führende Demokraten unterstützen diesen Vorstoß. »81 Prozent der Amerikaner sind von der Idee angetan« (vgl. o. A. 2019). Hinter der Resolution steht noch kein ausgefeiltes und durchgerechnetes Programm, und es handelt sich eher um ein »Manifest«. Aber der Inhalt hat es in sich, und die breite Zustimmung ist erstaunlich, wenn man sich die Kernforderungen des Programms vergegenwärtigt.

Das Manifest bezieht sich mit der Forderung nach ambitioniertem Klimaschutz auf den Special Report des IPCC zum 1,5-Grad-Ziel vom Oktober 2018 (Intergovernmental Panel on Climate Change 2018b). Gleichzeitig wird betont, dass der vorgeschlagene »Green New Deal« »eine neue nationale, soziale, industrielle und ökonomische Mobilisierung in einem Ausmaß darstellt, wie sie seit dem Zweiten Weltkrieg und der New-Deal-Ära nicht gesehen wurde«. Dies biete eine »historische Chance«, Millionen gut bezahlter Jobs zu schaffen, eine beispiellose Prosperität und ökonomische Sicherheit herbeizuführen und systemischen Ungerechtigkeiten entgegenzuwirken (vgl. Ocasio-Cortez 2019, S. 4).

Mit »systemisch« meint die Resolution die disproportionale Wirkung des Klimawandels, der Luftverschmutzung und der Umweltzerstörung auf »indigene Völker, Farbigenviertel, Migrantengemeinschaften, deindustrialisierte

Regionen, entvölkerte ländliche Gemeinden, die Armen, die einkommensschwachen Arbeiter, Frauen, Ältere, Obdachlose, Behinderte und die Jugend« (ebd., S. 4).

Damit verbindet die Resolution die soziale und die ökologische Frage in einer Rigorosität, wie es in Europa vermutlich bislang weder in einem offiziellen Regierungsdokument eines Mitgliedstaates noch auf EU-Ebene erfolgt ist. Natürlich hat Präsident Trump auf diesen Frontalangriff gegen seine Politik mit Hohn und Spott reagiert. Und die unrealistische Forderung der Resolution nach einer CO_2-freien amerikanischen Stromerzeugung innerhalb von zehn Jahren (!) wird von politischen und medialen Gegnern des »Manifests« in den USA ausgeschlachtet, um seine Seriosität und politische Kraft zu desavouieren.

Aber die enorme öffentliche Resonanz auf die Resolution zeigt, dass Alexandria Ocasio-Cortez damit einen politischen Nerv im zerrissenen Amerika getroffen hat. Niemand erwartet, dass ein solches Programm rasche Mehrheiten in Amerika findet. Aber für Europa sind der Inhalt und die Bewegung, die die Resolution ausgelöst hat, wichtige Signale: Nicht nur »grüne« europäische und amerikanische Industrien, sondern eine breite zivilgesellschaftliche sozial-ökologische Bewegung könnte das Zukunftsprojekt »Energiewende« beschleunigen und damit auch einer europäisch–atlantischen Partnerschaft einen neuen, wirklich zukunftsfähigen Inhalt geben. Man wird doch noch träumen dürfen, oder etwa nicht?

11. Literaturverzeichnis

AAW. o. J. »Wer ist der Arbeitsgruppe Alternative Wirtschaftspolitik e. V.?« http://www.alternative-wirtschaftspolitik.de/wer_wir_sind/index.html, zuletzt aufgerufen 2.4.2019.

Agentur für Erneuerbare Energien. 2018. »Preise für CO2-Zertifikate steigen«. https://www.unendlich-viel-energie.de/themen/strom/preise-fuer-co2-zertifikate-steigen, zuletzt aufgerufen 2.4.2019.

Agora Energiewende. 2018. *Stromnetze für 65 Prozent Erneuerbare bis 2030. Zwölf Maßnahmen für den synchronen Ausbau von Netzen und Erneuerbaren Energien*. Agora Energiewende.

Agora Energiewende und Sandbag. 2019. *The European Power Sector in 2018. Up-to-date analysis on the electricity transition*. Berlin/London.

Association négaWatt. 2017. *The 2017–2050 négaWatt Scenario*.

Bassot, Étienne. 2019. *Unlocking the Potential of the EU Treaties: An Article-by-Article Analysis of the Scope for Action: Study*. European Parliamentary Research Service.

Bauernhansl, Thomas, Hrsg. 2014. *Energieeffizienz in Deutschland – eine Metastudie. Analyse und Empfehlungen*. Berlin: Springer Vieweg.

BDI. 2019. *Klimapfade für Deutschland*. BDI.

Berkmüller, Ruth, Monika Bokelmann, Jochen Cantner, Sonja D'Introno, Alexander Farny, Bernhard Gill, Markus Hertel, Hans-Jürgen Krist, Roland Schipf, Michael Schneider, Michael Schönemann, Johannes Schubert, Dieter Tronecker, Ines Weber und Anna Wolff. 2017. »Schlussbericht zum Projekt Lokal und sozial – Anpassung von Energiesystemen und sozialen Strukturen durch interdisziplinäre Energieberatung auf kommunaler Ebene«. München und Augsburg.

Bertoldi, Paolo. 2017. »Are current policies promoting a change in behaviour, conservation and sufficiency? An analysis of existing policies and recommendations for new and effective policies«. https://www.eceee.org/library/conference_proceedings/eceee_Summer_Studies/2017/1-foundations-of-future-energy-policy/are-current-policies-promoting-a-change-in-behaviour-conservation-and-sufficiency-an-analysis-of-existing-policies-and-recommendations-for-new-and-effective-policies/, zuletzt aufgerufen 13.1.2019.

BMNT. 2018. »Der Klima- und Energiefonds stellt sich vor«. https://www.bmnt.gv.at/umwelt/klimaschutz/klimapolitik_national/klima_fond/Klimafonds.html, zuletzt aufgerufen 2.4.2019.

BMU. 2016. *Klimaschutzplan 2050. Klimapolitische Grundsätze und Ziele der Bundesregierung*. Berlin.

BMU. 2017. »Die Klimakonferenz in Paris«. *Bundesministerium für Umwelt, Naturschutz und nukleare Sicherheit*. https://www.bmu.de/themen/klima-energie/klimaschutz/internationale-klimapolitik/pariser-abkommen/, zuletzt aufgerufen 11.1.2019.

BMU. 2018. *GreenTech made in Germany 2018. Umwelttechnik-Atlas für Deutschland*. Berlin.

BMWi. o. J. *Eckpunktepapier Mieterstrom*.

BMWi. 2018a. *Energiedaten: Gesamtausgabe*.

BMWi. 2018b. *Franco-German Energy Declaration*.

BMWi. 2018c. *Sechster Monitoring-Bericht zur Energiewende: Die Energie der Zukunft. Berichtsjahr 2016*.

BMWi. 2019. *Entwurf des integrierten nationalen Energie- und Klimaplans*.

BMWi und BMU. 2010. »Energiekonzept für eine umweltschonende, zuverlässige und bezahlbare Energieversorgung«.

BMWi Förderdatenbank. 2018. »Europäischer Energieeffizienzfonds (EEEF)«. http://www.foerderdatenbank.de/Foerder-DB/Navigation/Foerderrecherche/suche.html?get=2a2145124fd8ed1f751ae55aa8d87571;views;document&doc=11531, zuletzt aufgerufen 2.4.2019. Berlin.

Bock, Svenja. 2017. »›Für die Bottroper ist sichtbar, was die InnovationCity bewirkt.‹ Interview mit Stefanie Hugot, Leiter in der Koordinierungsstelle Integrierte Stadtentwicklung/InnovationCity der Stadt Bottrop.« *Klimaexpo.nrw*. http://www.klimaexpo.nrw/leistungsschau/themenrouten/regionale-themenrouten/routenderinnovationen/routederenergie/innovationcity/interviewhugot/, zuletzt aufgerufen 4.3.2019.

Boyette, Marie. 2018. »Energie- und Klimapläne in Frankreich. Dekarbonisierungsstrategie (SNBC) und mehrjährige Programmplanung für Energie (PPE)«. Deutsch-französisches Büro für die Energiewende (DFBEW), Berlin.

Brackel, Benjamin von. 2018. »Osteuropa plant die Energiewende«. *Klimareporter*.

Brand, Ulrich, und Markus Wissen. 2017. *Imperiale Lebensweise: zur Ausbeutung von Mensch und Natur im globalen Kapitalismus*. München: oekom.

BSW-Solar. 2018. »Statistische Zahlen der deutschen Solarstrombranche (Photovoltaik)«. https://www.solarwirtschaft.de/fileadmin/user_upload/bsw_faktenblatt_pv_4018_4.pdf, zuletzt aufgerufen 2.4.2019.

BUND. 2019. »Wachstumskritik 2019: Unbegrenztes Wachstum zerstört begrenzte Systeme«. http://www.bund-rvso.de/wachstumskritik.html, zuletzt aufgerufen 2.4.2019.

Bundesregierung. 2018a. »Erklärung von Meseberg. Das Versprechen Europas für Sicherheit und Wohlstand erneuern«. https://www.bundesregierung.de/breg-de/aktuelles/erklaerung-von-meseberg-1140536, zuletzt aufgerufen 2.4.2019.

Bundesregierung. 2018b. *Bundeshaushalt 2019, Einzelplan 09. Bundesministerium für Wirtschaft und Energie*. Berlin. https://www.bmwi.de/Redaktion/DE/Downloads/H/haushalt-bmwi-2019-eckpunkte-november.pdf, zuletzt aufgerufen 31.03.2019.

Bundesregierung. 2019. *Vertrag zwischen der Bundesrepublik Deutschland und der Französischen Republik über die deutsch-französische Zusammenarbeit und Integration*. Aachen.

Bundestag. 2018a. »Antrag: Euratom-Vertrag reformieren – Sonderstellung der Atomkraft jetzt abschaffen«. http://dip21.bundestag.de/dip21/btd/19/025/1902512.pdf, zuletzt aufgerufen 2.4.2019.

Bundestag. 2018b. *Sachstand: Die CO2-Abgabe in der Schweiz, Frankreich und Großbritannien Mögliche Modelle einer CO2-Abgabe für Deutschland*. Berlin.

Burck, Jan, Ursula Hagen, Niklas Höhne, Christoph Bals, und Franziska Marten. 2018. *Climate Change Performance Index: Results 2019*. Berlin, Bonn, Köln, Beirut.

Carbon Tracker Initiative. 2018. *Powering down coal. Navigating the economic and nancial risks in the last years of coal power*. London.

Caritas. 2019. »Stromspar-Check«. https://www.caritas.de/glossare/stromspar-check, zuletzt aufgerufen 2.4.2019.

Christaller, Walter. 2006. *Die zentralen Orte in Süddeutschland: Eine ökonomisch-geographische Untersuchung über die Gesetzmäßigkeit der Verbreitung und Entwicklung der Siedlungen mit städtischen Funktionen*. Sonderausg. der 2., unverändert. Aufl. Darmstadt: Wiss. Buchges.

COMBI project. 2018. »COMBI. Employment Effects. Direct (Short-Term) Employment Effect in 1000 Person-Years.« https://combi-project.eu/charts/, zuletzt aufgerufen 20.2.2019.

Darby, Sarah, und Tina Fawcett. 2018. »Energy sufficiency: an introduction. Concept paper«. Oxford.

DEHSt. 2015. *Emissionshandel in Zahlen*. Berlin.

Der Spiegel. 1996. »Selbstmord aus Angst«.

Deutscher Naturschutzring. 2019. »EU-Regionalfonds sollen ab 2021 Klimaschutz-Prüfung durchlaufen«. https://www.dnr.de/index.php?id=13088, zuletzt aufgerufen 10.2.2019.

Deutsch-Französisches Büro für die Energiewende. 2018. »Vorlage der mehrjährigen Programmplanung für Energie für den Zeitraum von 2019–2028 – dfbew«. https://energie-fr-de.eu/de/systeme-maerkte/nachrichten/leser/vorlage-der-mehrjaehrigen-programmplanung-fuer-energie-fuer-den-zeitraum-von-2019-2028.html, zuletzt aufgerufen 9.1.2019.

Ecofys Germany. 2017. *Weiterentwicklung der Energieeffizienzpolitiken zur Erreichung der Klimaschutzziele der Europäischen Union bis 2050*. Berlin.

Edenhofer, Ottmar; Schmidt, Christoph M. 2018. »Eckpunkte einer CO_2-Preisreform: Gemeinsamer Vorschlag von Ottmar Edenhofer (PIK/MCC) und Christoph M. Schmidt (RWI)«, RWI Positionen 72, RWI – Leibniz-Institut für Wirtschaftsforschung, Essen.

EEA. 2018a. »Member States Primary Energy Consumption and Indicative National Energy Efficiency Targets for 2020«. *European Environment Agency*. https://www.eea.europa.eu/data-and-maps/daviz/member-states-primary-energy-consumption-5, zuletzt aufgerufen 14.1.2019.

EEA. 2018. »Trends and projections in Europe 2018. Tracking progress towards Europe's climate and energy tragets.« EEA Report No 16/. 2018.

En Marche! o. J. »Le programme d'Emmanuel Macron pour l'environnement et la transition écologique«. *La République En Marche !* https://en-marche.fr/emmanuel-macron/le-programme/environnement-et-transition-ecologique, zuletzt aufgerufen 17.12.2018.

Energie Schweiz. o. J. »Worum geht es bei der 2000-Watt-Gesellschaft?« https://www.local-energy.swiss/programme/2000-watt-gesellschaft#/, zuletzt aufgerufen 2.4.2019.

energiezukunft. 2015. »Europäische Energieunion in der Kritik«. https://www.energiezukunft.eu/politik/europaeische-energieunion-in-der-kritik-gn102928/

Energy Endeavour Foundation. o. J. »congrats wuppertal! host city sde21«. http://solardecathlon.eu/congrats-wuppertal-host-city-sde21/, zuletzt aufgerufen 4.3.2019.

Ethik-Kommission. 2011. *Deutschlands Energiewende – Ein Gemeinschaftswerk für die Zukunft.* Berlin.

Europäische Kommission. o. J. (a). »Energy Performance of Buildings«. https://ec.europa.eu/energy/en/topics/energy-efficiency/energy-performance-of-buildings, zuletzt aufgerufen 4.3.2019.

Europäische Kommission. o. J. »Europäischer Fonds für regionale Entwicklung«. https://ec.europa.eu/regional_policy/de/funding/erdf/, zuletzt aufgerufen 2.4.2019.

Europäische Kommission. o. J. (b). »Nearly zero-energy buildings«. https://ec.europa.eu/energy/en/topics/energy-efficiency/buildings/nearly-zero-energy-buildings, zuletzt aufgerufen 4.3.2019.

Europäische Kommission. 2015. *Bewertung der Fortschritte der Mitgliedstaaten beim Erreichen der nationalen Energieeffizienzziele für 2020 und bei der Durchführung der Richtlinie 2012/27/EU zur Energieeffizienz gemäß Artikel 24 Absatz 3 der Richtlinie 2012/27/EU zur Energieeffizienz.* Brüssel.

Europäische Kommission. 2016. *EU Reference Scenario 2016. Energy, Transport and GHG Emissions. Trends to 2050.* Luxembourg.

Europäische Kommission. 2017a. *Attitudes of European citizens towards the environment.* 468. Brüssel.

Europäische Kommission. 2017b. »Energy Efficiency Directive«. https://ec.europa.eu/energy/en/topics/energy-efficiency/energy-efficiency-directive/, zuletzt aufgerufen 2.4.2019.

Europäische Kommission. 2018a. *A Clean Planet for all. A European strategic long-term vision for a prosperous, modern, competitive and climate neutral economy.* Brüssel.

Europäische Kommission. 2018b. *Die EU und das Pariser Klimaschutzübereinkommen. Bestandsaufnahme der Fortschritte bei der Klimakonferenz in Kattowitz.* COM(2018)716 final.

Europäische Kommission. 2018c. »EU einig über Ziele für Energieeffizienz und Überwachung der Energieunion«. https://ec.europa.eu/germany/news/20180620-energieunion_de, zuletzt aufgerufen 2.4.2019.

Europäische Kommission. 2018d. *EU Energy in Figures. Statistical Pocketbook 2018.* Luxembourg.

Europäische Kommission. 2018e. »Launch of the EU Energy Poverty Observatory (EPOV)«. https://ec.europa.eu/energy/en/events/launch-eu-energy-poverty-observatory-epov, zuletzt aufgerufen 2.4.2019.

Europäische Kommission. 2018f. »The Commission calls for a climate neutral Europe by 2050«. https://ec.europa.eu/clima/news/commission-calls-climate-neutral-europe-2050_en, zuletzt aufgerufen 2.4.2019.

Europäisches Parlament. 2017. »MEPs back plans to cut carbon emission allowances and fund low-carbon innovation«. http://www.europarl.europa.eu/news/en/press-room/20170210IPR61806/meps-back-plans-to-cut-carbon-emission-allowances-and-fund-low-carbon-innovation, zuletzt aufgerufen 2.4.2019.

Europäisches Parlament. 2019. »Top-Themen«. http://www.europarl.europa.eu/news/de/headlines/priorities, zuletzt aufgerufen 2.4.2019.

Europäisches Parlament und Rat der Europäischen Union. 2010. Amtsblatt der Europäischen Union. Richtlinie 2010/31/EU der Europäischen Parlaments und der Rates vom 19. Mai 2010 über die Gesamtenergieeffizienz von Gebäuden. Brüssel.

Eurostat. 2018. »Shedding light on energy in the EU«. Abgerufen (https://ec.europa.eu/eurostat/cache/infographs/energy/images/pdf/pdf-energy-eurostat-2018.pdf).

FORATOM. 2019. »Sustainable Finance: Encouraging investment in all low-carbon technologies. Position Paper«.

forsa, DIW, DGAP und EY. 2019. *Europa 2019. Die Sicht der deutschen Unternehmen.*

Französische Botschaft. 2017. »Klimaschutz: Das französische Bonus-Malus-System beim Autokauf«. Abgerufen (https://de.ambafrance.org/Klimaschutz-Das-franzosische-Bonus-Malus-System-beim-Autokauf).

Französische Botschaft in Berlin. 2018. »Umweltgerecht: Frankreich erhöht schrittweise Dieselbesteuerung«. *Frankreich in Deutschland.* https://de.ambafrance.org/Umweltgerecht-Frankreich-erhoht-schrittweise-Dieselbesteuerung, zuletzt aufgerufen 14.1.2019.

Französische Regierung. 2015. *LOI n° 2015-992 du 17 août 2015 relative à la transition énergétique pour la croissance verte.*

Französische Regierung. 2018a. »Édouard Philippe annonce un moratoire sur la hausse de la taxe carbone«. https://www.gouvernement.fr/partage/10768-le-premier-ministre-annonce-un-moratoire-sur-la-hausse-des-taxes-des-carburants, zuletzt aufgerufen 13.1.2019.

Französische Regierung. 2018b. »Édouard Philippe: ›Nous ne voulons pas léguer des dettes à nos enfants et grever leur futur pouvoir d'achat‹«. https://www.gouvernement.fr/partage/10773-declaration-du-premier-ministre-sur-la-fiscalite-ecologique-et-ses-consequences-sur-le-pouvoir-d, zuletzt aufgerufen 13.1.2019.

Französische Regierung. 2018c. »Grand débat national: 4 thèmes retenus pour animer la concertation«. https://www.gouvernement.fr/grand-debat-national-4-themes-retenus-pour-animer-la-concertation, zuletzt aufgerufen 13.1.2019.

Französische Regierung. 2018d. »Smic, heures supplémentaires, CSG ... le président de la République répond aux Français«. https://www.gouvernement.fr/smic-heures-supplementaires-csg-le-president-de-la-republique-repond-aux-francais, zuletzt aufgerufen 13.1.2019.

Französische Regierung. 2019a. »Ce qui change en 2019«. https://www.gouvernement.fr/ce-qui-change-en-2019, zuletzt aufgerufen 13.1.2019.

Französische Regierung. 2019b. »Edouard Philippe: ›Ceux qui remettent en cause les institutions n'auront pas le dernier mot‹«. https://www.gouvernement.fr/edouard-philippe-ceux-qui-remettent-en-cause-les-institutions-n-auront-pas-le-dernier-mot, zuletzt aufgerufen 13.1.2019.

Französische Regierung. 2019c. »Un séminaire pour coordonner l'action du Gouvernement«. https://www.gouvernement.fr/un-seminaire-pour-coordonner-l-action-du-gouvernement, zuletzt aufgerufen 13.1.2019.

Fraunhofer ISI. 2019. *Study on Energy Savings Scenarios 2050*. Karlsruhe.

GJETC. 2018. »About the German-Japanese Energy Transition Council«. http://www.gjetc.org/home/about/, zuletzt aufgerufen 2.4.2019.

Gores, Sabine, und Jakob Graichen. 2018. *Abschätzung des erforderlichen Zukaufs an Annual Emission Allowances bis 2030*. Öko-Institut. Freiburg.

Haas, Tobias. 2017. *Die politische Ökonomie der Energiewende. Deutschland und Spanien im Kontext multipler Krisendynamiken in Europa*. 1. Aufl. Wiesbaden: Springer VS.

Handelsblatt. 2018. »Keine neue CO_2-Abgabe: Olaf Scholz lehnt Forderung ab«. https://www.handelsblatt.com/politik/deutschland/energiewende-keine-neue-co2-abgabe-olaf-scholz-lehnt-forderung-ab/23602080.html?ticket=ST-1515993-daJcLzic7JHfYpVKWv3V-ap6, zuletzt aufgerufen 9.11.2018.

Hanke, Thomas. 2018. »Macron präsentiert neue Klimapolitik, hält aber an Atomstrom fest«. *Handelsblatt*. https://www.handelsblatt.com/politik/international/frankreich-macron-praesentiert-neue-klimapolitik-haelt-aber-an-atomstrom-fest/23686658.html, zuletzt aufgerufen 27.11.2018.

Haucap, Justus. 2018. »Die Energiewende ist ein teurer Sonderweg«. *Wirtschaftswoche*. https://www.wiwo.de/politik/deutschland/justus-haucap-die-energiewende-ist-ein-teurer-sonderweg/22890302.html, zuletzt aufgerufen 13.8.2018.

Heidenfelder, Claudia. 2018. »Armut in Deutschland«. *Planet Wissen*. https://www.planet-wissen.de/gesellschaft/wirtschaft/armut_in_deutschland/index.html, zuletzt aufgerufen 26.2.2019.

Heinrich Böll Stiftung, Friends of the Earth Europe, GEF, und EREF. 2018. *Energy Atlas*. Berlin.

Hello Watt. 2018. »Les principales annonces faites par gouvernement lors du PPE 2018«. https://www.hellowatt.fr/blog/ppe-2018-7-mesures-principales/, zuletzt aufgerufen 13.1.2019.

Hennicke, Peter. 2000. »Die globale Faktor-Vier-Strategie für Klimaschutz und Atomausstieg«. *Die Energiewirtschaft an der Schwelle des neuen Jahrhunderts*, hrsg. von W. Brune. Stuttgart/Leipzig: Springer, S. 181–205.

Hennicke, Peter, und Ralf Becker. 1997. »Is adaptation cheaper than prevention? The applicability of cost-benefit analysis to global warming«. *Man-made climate change: economic aspects and policy options; proceedings of an international conference held at Mannheim*, herausgegeben von O. Hohmeyer. Heidelberg: Physica-Verlag, S. 126–164.

Hennicke, Peter, und Öko-Institut, Hrsg. 1985. *Die Energiewende ist möglich. Für eine neue Energiepolitik der Kommunen. Strategien für eine Rekommunalisierung*. Frankfurt am Main: S. Fischer.

Hennicke, Peter, und Paul J. J. Welfens. 2012. *Energiewende nach Fukushima. Deutscher Sonderweg oder weltweites Vorbild?* München: oekom.

Hirschl, Bernd, Astrid Aretz, Andreas Prahl, Timo Böther und Katharina Heinbach, Hrsg. 2010. *Kommunale Wertschöpfung durch Erneuerbare Energien*. Berlin: Institut für ökologische Wirtschaftsforschung. Schriftenreihe des IÖW 196/10, Berlin.

IEA. 2017. *Insights Brief: Energy Utility Obligations and Auctions*. Paris.

IEA. 2018a. *Renewables 2018. Market analysis and forecast from 2018 to 2023*. Paris.

IEA. 2018b. »World Energy Outlook 2018«. Paris.

InnovationCity Ruhr. o. J. »InnovationCity Ruhr: Modellstadt Bottrop«. http://www.icruhr.de/index.php?id=3, zuletzt aufgerufen 2.4.2019. Bottrop.

Intergovernmental Panel on Climate Change. 2018a. *Global Warming of 1.5 °C*.

Jahn, Andreas, und Julius Ecke. 2019. *Die Grundversorgung mit Strom und Gas in Deutschland. Potenziale zur Verbraucherentlastung und Handlungsoptionen*. Friedrich-Ebert-Stiftung, WISO-Diskurs 2019/03.

Jochem, Eberhard und Reitze, Felix. 2014. Material Efficiency and Energy Use. In: Reference Module in Earth Systems and Environmental Sciences. URL: https://www.sciencedirect.com/science/article/pii/B978012409548909120X?via%3Dihub, zuletzt aufgerufen 2.4.2019.

Kaiser, Tobias. 2018. »Dieser Nobelpreis ist ein Statement für den Klimaschutz«. *Die Welt*.

Kampman, Bettina, Jaco Blommerde und Maarten Afman. 2016. *The potential of energy citizens in the European Union*. Delft.

Kommission »Wachstum, Strukturwandel und Beschäftigung«. 2018. *Zwischenbericht zu möglichen Maßnahmen zur sozialen und strukturpolitischen Entwicklung der Braunkohleregionen*.

Kommission »Wachstum, Strukturwandel und Beschäftigung«. 2019. *Abschlussbericht*. Berlin.

Kopatz, Michael. 2014. »Energiearmut in Europa. Es bleibe Licht!« *politische ökologie* 136 (Ökologische Gerechtigkeit), S. 65–70.

Kopatz, Michael. 2016. *Ökoroutine. Damit wir tun, was wir für richtig halten*. München: oekom.

Krause, Florentin, Hartmut Bossel und Karl-Friedrich Müller-Reissmann. 1980. *Energie-Wende: Wachstum und Wohlstand ohne Erdöl und Uran: in Alternativ-Bericht des Öko-Instituts, Freiburg*. Frankfurt am Main: S. Fischer.

Kuckshinrichs, W., und G. Aniello. 2018. »STE Research Report: Wirkungen der KfW-Programme ›Energieeffizient Bauen‹, ›Energieeffizient Sanieren‹, ›IKK/IKU – Energieeffizient Bauen und Sanieren‹ und ›KfW-Energieeffizienzprogramm – Energieeffizient Bauen und Sanieren‹ auf öffentliche Haushalte im Förderjahr 2016«. Jülich.

Leggewie, Claus, und Harald Welzer. 2009. *Das Ende der Welt, wie wir sie kannten. Klima, Zukunft und die Chancen der Demokratie.* Frankfurt am Main: S. Fischer.

Leminsky, Gerhard. 1971. »Aufgaben überbetrieblicher Mitbestimmung«. *Gewerkschaftliche Monatshefte 22(1971), Heft 10,* Wiesbaden: Verlag für Sozialwissenschaften, S. 602–611.

Lessenich, Stephan. 2016. *Neben uns die Sintflut. Die Externalisierungsgesellschaft und ihr Preis.* Berlin: Hanser.

Lorberg, Daniel. 2018. *Digitale Revolution, Fordismus und transnationale Ökonomie. Eine politökonomische Betrachtung zur Genese und Gegenwart der globalen Ökonomie.* Wiesbaden: Springer VS.

Lovins, Amory B. 1979. *Soft Energy Paths: Toward a Durable Peace.* New York: Harper and Row.

Macron, Emmanuel. 2017. »Rede von Staatspräsident Macron an der Sorbonne. Initiative für Europa«, herausgegeben von P. K. Französische Botschaft.

Menzel, Stefan. 2017. »Die neue Nummer eins in der Autowelt«. *Handelsblatt.* https://www.handelsblatt.com/unternehmen/industrie/unaufhaltsamer-aufstieg-der-suvs-die-neue-nummer-eins-in-der-autowelt/20796782.html, zuletzt aufgerufen 29.12.2017.

Ministère de la Transition Écologique et Solidaire. 2015. »Stratégie nationale bas-carbone«. Paris.

Ministère de la Transition Écologique et Solidaire. 2018. »Stratégie française pour l'énergie et le climat. Présentation de la programmation pluriannuelle de l'énergie et de la stratégie nationale bas carbone«. Paris.

Nationale Akademie der Wissenschaften Leopoldina, acatech – Deutsche Akademie der Technikwissenschaften und Union der deutschen Akademien der Wissenschaften. 2018. »Governance für die Europäische Energieunion. Gestaltungsoptionen für die Steuerung der EU-Klima- und Energiepolitik bis 2030«. Berlin.

Nationalgrid. 2016. *Future Energy Scenarios. GB gas and electricity transmission.* Warwick.

Netzwerk der 100ee-Regionen. 2017. *100 % Erneuerbare-Energie-Regionen.* Kassel.

Next Kraftwerke. o. J. »Was ist ein virtuelles Kraftwerk?« https://www.next-kraftwerke.de/wissen/virtuelles-kraftwerk, zuletzt aufgerufen 2.4.2019.

Niemeier, Ulrike. o. J. »Was ist Geoengineering«. https://www.mpimet.mpg.de/mitarbeiter/ulrike-niemeier/geoengineering/, zuletzt aufgerufen 2.4.2019.

Nuccitelli, Dana. 2018. »Canada Passed a Carbon Tax That Will Give Most Canadians More Money | Dana Nuccitelli«. *The Guardian,* Oktober 26. https://www.theguardian.com/environment/climate-consensus-97-per-cent/2018/oct/26/canada-passed-a-carbon-tax-that-will-give-most-canadians-more-money, zuletzt aufgerufen 26.10.2018.

O. A. 2018. »Zeitschrift für kommunale Wirtschaft«. *Zeitschrift für kommunale Wirtschaft* (08/18) S. 4.

O. A. 2019. »Kampfansage an Donald Trump«. https://www.fr.de/wirtschaft/demokraten-stellen-new-green-deal-ernten-spott-donald-trump-11769389.html, zuletzt aufgerufen 26.2.2019.

Agence nationale de l'habitat. o. J. »Être mieux chauffé avec Habiter Mieux«. http://www.anah.fr/proprietaires/proprietaires-occupants/etre-mieux-chauffe-avec-habiter-mieux, zuletzt aufgerufen 16.1.2019.

O. A. o. J. »Parlamentarier-Appell für koordinierte Energiewende«. Persönliche Mitteilung von Sylvia -Kotting Uhl (MdB), Berlin 2018.

Ocasio-Cortez, Alexandria. 2019. »Resolution. Recognizing the duty of the Federal Government to create a Green New Deal.« https://ocasio-cortez.house.gov/sites/ocasio-cortez.house.gov/files/Resolution%20on%20a%20Green%20New%20Deal.pdf, zuletzt aufgerufen 2.4.2019.

Öko-Institut/Fraunhofer Institut für Solare Energiesysteme. 2016. »Klimaneutraler Gebäudebestand 2050«. Freiburg.

Öko-Institut, Fraunhofer ISI, Prognos, M-Five, IREES und FIBL. 2018a. *Folgenabschätzung zu den ökologischen, sozialen und wirtschaftlichen Folgewirkungen der Sektorziele für 2030 des Klimaschutzplans 2050 der Bundesregierung*. Freiburg.

Polanyi, Karl. 1985. *The great transformation*. Boston: Beacon Press.

Prognos. 2013. *Ermittlung der Wachstumswirkungen der KfW-Programme zum Energieeffizienten Bauen und Sanieren*. Berlin/Basel.

Prognos und BH&W. 2017. *Mieterstrom – Rechtliche Einordnung, Organisationsformen, Potenziale und Wirtschaftlichkeit von Mieterstrommodellen (MSM)*. Berlin.

PVP4Grid. 2018. »Bericht über die PVP4GRID-Konzepte und Barrieren«. https://www.pvp4grid.eu/wp-content/uploads/2018/08/4.-PVP4Grid_D2.4_Report_Final_DE.pdf, zuletzt aufgerufen 2.4.2019.

Radio France. France Inter. 2018. »Passation de pouvoir entre Nicolas Hulot et François de Rugy au ministère de la Transition Ecologique«. https://www.franceinter.fr/emissions/le-journal-de-18h/le-journal-de-18h-04-septembre-2018, zuletzt aufgerufen 9.1.2019.

Rasch, Jana, und Michael Kopatz. 2018. *Wirtschaftsförderung 4.0 Arbeitsbericht zum Geschäftsfeld »Finanzwirtschaft«. Teilbericht*. Wuppertal: Wuppertal Institut.

Ritchie, Earl J. 2018. »How Much Sea Level Rise Is Actually Locked in?« *Forbes*. https://www.forbes.com/sites/uhenergy/2018/07/30/how-much-sea-level-rise-is-actually-locked-in/#4948c30e9b39, zuletzt aufgerufen 30.7.2018.

Rockström, Johan, Will Steffen, Kevin Noone, Åsa Persson, F. Stuart III Chapin, Eric Lambin, Timothy M. Lenton, Marten Scheffer, Carl Folke, Hans Joachim Schellnhuber, Björn Nykvist, Cynthia A. de Wit, Terry Hughes, Sander van der Leeuw, Henning Rodhe, Sverker Sörlin, Peter K. Snyder, Robert Costanza, Uno Svedin, Malin Falkenmark, Louise Karlberg, Robert W. Corell, Victoria J. Fabry, James Hansen, Brian Walker, Diana Liverman, Katherine

Richardson, Paul Crutzen und Jonathan Foley. 2009. »Planetary Boundaries: Exploring the Safe Operating Space for Humanity«. *Ecology and Society* 14(2) pages 472–475.

Samadi, Sascha. 2018. Wuppertal Institut. Ohne Titel.

Sandbag und Agora Energiewende. 2017. *The European Power Sector in 2017: State of Affairs and Review of Current Developments.* London/Berlin.

Santarius, Tilman. 2015. *Der Rebound-Effekt. Ökonomische, psychische und soziale Herausforderungen für die Entkopplung von Wirtschaftswachstum und Energieverbrauch.* Marburg: Metropolis.

Schepelmann, Philipp. 2018. *Governance of Low-Carbon Energy System Transition: A Case Study from North-Rhine Westphalia, Germany. Governance Briefs.* Manila, Philippines: Asian Development Bank.

Schneidewind, Uwe, und Mandy Singer-Brodowski. 2014. *Transformative Wissenschaft: Klimawandel im deutschen Wissenschafts- und Hochschulsystem.* 2., verbesserte und aktualisierte Auflage. Marburg: Metropolis.

Schultz, Stefan. 2018. »Deutschland lehnt Messungen zu Energiearmut ab«. *Spiegel Online*, 26.5.2018.

Schwarz, Susanne. 2017. »Wie Städte die Welt retten können«. http://www.klimaretter.info/umwelt/hintergrund/23332-warum-staedte-die-welt-retten-muessen?tmpl=component&print=-1&layout=default, zuletzt aufgerufen 4.3.2019.

Schwarz, Susanne. 2018. »EU will ein Drittel mehr Energieeffizienz bis 2030«. https://www.klimareporter.de/europaische-union/eu-will-energieeffizienz-bis-2030-um-32-5-prozent-steigern, zuletzt aufgerufen 2.4.2019.

Simons, Kristina. 2011. »Energetische Gebäudesanierung: Kontroverse Neutralität«. *Mieter-Magazin* (5/11) keine Seitenangabe; online.

Solarcomplex. 2018. »Solarcomplex«. https://www.solarcomplex.de, zuletzt aufgerufen 2.4.2019.

Spiegel Online. 2017. »Paris: Frankreich streicht Vermögensteuer«. *Spiegel Online*. http://www.spiegel.de/wirtschaft/soziales/emmanuel-macron-frankreich-streicht-vermoegensteuer-a-1174017.html, zuletzt aufgerufen 20.10.2017.

Spiegel Online. 2018. »›Heißzeit‹ ist das Wort des Jahres 2018«. *Spiegel Online*. http://www.spiegel.de/kultur/gesellschaft/heisszeit-ist-das-wort-des-jahres-2018-a-1243688.html, zuletzt aufgerufen 14.12.2018.

Statista. 2019. »Europäische Union: Gesamtbevölkerung in den Mitgliedsstaaten im Jahr 2019 und Prognosen für 2030, 2050 und 2080 (in Millionen Einwohner)«. https://de.statista.com/statistik/daten/studie/164004/umfrage/prognostizierte-bevoelkerungsentwicklung-in-den-laendern-der-eu/, zuletzt aufgerufen 4.3.2019.

Stavenhagen, Philipp. 2016. »Die mehrjährige Programmplanung für Energie (PPE). Ausbau der erneuerbaren Energien in Frankreich (2016–2023)«.

Steffen, Will, Johan Rockström, Katherine Richardson, Timothy M. Lenton, Carl Folke, Diana Liverman, Colin P. Summerhayes, Anthony D. Barnosky, Sarah E. Cornell, Michel Crucifix, Jonathan F. Donges, Ingo Fetzer, Steven J. Lade, Marten Scheffer, Ricarda Winkelmann und Hans Joachim Schellnhuber. 2018b. »Trajectories of the Earth System in the Anthropocene«. *Proceedings of the National Academy of Sciences* 115(33):8252–59.

Steinfeldt, Alexander. 2017. »Frankreichs Energiepolitik unter Macron«. https://www.treffpunkt-europa.de/frankreichs-energiepolitik-unter-macron, zuletzt aufgerufen 9.1.2019.

Tagesspiegel. 2018. »Macron versucht den Befreiungsschlag«. https://www.tagesspiegel.de/politik/frankreich-macron-versucht-den-befreiungsschlag/23743986.html, zuletzt aufgerufen 13.1.2019.

The World Bank, Ecofys und Vivid Economics. 2017. *State and Trends of Carbon Pricing 2017.* Washington, D.C.

Thema, Johannes, Jana Rasch, Felix Suerkemper und Stefan Thomas. 2018. »Multiple impacts of energy efficiency in policy-making and evaluation. D8.2 Policy report on COMBI results«. Wuppertal.

Thomas, Stefan, Johannes Thema, Lars-Arvid Brischke, Leon Leuser, Michael Kopatz und Meike Spitzner. 2018. »Energy Sufficiency Policy for Residential Electricity Use and Per-Capita Dwelling Size«. *Energy Efficiency.* Wuppertal.

UBA. 2018. »Energieverbrauchsrelevante-Produkte-Richtlinie/Ökodesign-Richtlinie (2009/125/EG) Energieverbrauchskennzeichnungs-Richtlinie (2010/30/EG). Übersicht über den Stand der Prozesse zur Verabschiedung von Durchführungsmaßnahmen«. https://www.umweltbundesamt.de/sites/default/files/medien/376/dokumente/erp-rl_uebersicht_ueber_den_stand_der_verabschiedung_von_durchfuehrungsmassnahmen.pdf, zuletzt aufgerufen 2.4.2019.

UBA. 2019. »Gesellschaftliche Kosten von Umweltbelastungen«. https://www.umweltbundesamt.de/daten/umwelt-wirtschaft/gesellschaftliche-kosten-von-umweltbelastungen#textpart-7, zuletzt aufgerufen 2.4.2019.

Umweltbundesamt. 2017. »Urban Mining«. https://www.umweltbundesamt.de/themen/abfall-ressourcen/abfallwirtschaft/urban-mining#textpart-1, zuletzt aufgerufen 4.3.2019.

UNFCCC. 2017. »More than 20 Countries Launch Global Alliance to Phase Out Coal«. https://unfccc.int/news/more-than-20-countries-launch-global-alliance-to-phase-out-coal, zuletzt aufgerufen 11.1.2019.

United Nations. 2015. *Transforming our world: The 2030 agenda for sustainable development.* New York.

VDMA. 2015. *Die Ökodesign-Richtlinie. 10 Kernanliegen im Maschinen-und Anlagenbau.* Frankfurt am Main/Brüssel.

VKU. 2018. »Kommunale Ver- und Entsorger in Zahlen«. https://www.vku.de/fileadmin/user_upload/Verbandsseite/Ueber_Uns/VKU_ZahlenDatenFakten_2018_DE.pdf, zuletzt aufgerufen 2.4.2019.

Vogl, Bernard, und Daniel Lorberg. 2018. *Volkswirtschaftslehre. Grundlagen und Mikroökonomie: Lehrbuch mit Online-Lernumgebung*. 2. Auflage. Herne: Kiehl.

Voss, Karsten. 2017. »Zum Fenster hinaus geheizt. Warum eine energetische Gebäudesanierung entscheidend ist«. *energie.wenden*. München: oekom, S. 48–51.

Wagner, Oliver, Vera Aydin, Kurt Berlo, Naomi Gericke, Peter Hennicke und Maike Venjakob. 2018. »Status und Neugründungen von Stadtwerken. Deutschland und Japan im Vergleich«. Wuppertal.

WBGU, Hrsg. 2011. *Welt im Wandel. Gesellschaftsvertrag für eine Große Transformation. Zusammenfassung für Entscheidungsträger*. Berlin.

WBGU. 2016: *Der Umzug der Menschheit. Die transformative Kraft der Städte. Hauptgutachten*. Berlin.

WBGU, Hrsg. 2018a. *Zeit-gerechte Klimapolitik. Vier Initiativen für Fairness*. 1. Auflage. Berlin.

WBGU, Hrsg. 2018b. *Just & In-Time Climate Policy: Four Initiatives for a Fair Transformation*. Berlin.

Weidenfeld, Werner, und Wolfgang Wessels, Hrsg. 2018. *Jahrbuch der Europäischen Integration 2018*. Baden-Baden: Nomos.

Wir haben es satt! 2018. »Demo 2018«. https://www.wir-haben-es-satt.de/informieren/rueckblick/demo-2018/, zuletzt aufgerufen 13.2.2019.

Witsch, Kathrin. 2018. »Mieterstromgesetz floppt, Verbraucherschützer fordern massive Nachbesserung«. *Handelsblatt*. https://www.handelsblatt.com/unternehmen/energie/energiewende-mieterstromgesetz-floppt-verbraucherschuetzer-fordern-massive-nachbesserung/22839190.html?ticket=ST-1551001-hhM9TQKF6HQs2r44l0dk-ap6, zuletzt aufgerufen 25.7.2018.

Wuppertal Institut. 2013. *Vorschlag für eine Bundesagentur für Energieeffizienz und Energiesparfonds (BAEff). Wie die Ziele der Energiewende ambitioniert umgesetzt und die Energiekosten gesenkt werden können*. Wuppertal.

Zeit Online. 2018. »Ökostromanteil steigt auf 38 Prozent«. https://www.zeit.de/wirtschaft/2018-11/erneuerbare-energien-oekostrom-anteil-38-prozent, zuletzt aufgerufen 23.11.2018.

Zeit Online. 2019. »Ökostromanteil steigt auf mehr als 40 Prozent«. https://www.zeit.de/wirtschaft/2019-01/erneuerbare-energien-anteil-strommix-anstieg-sonnenstrahlen-oekostrom, zuletzt aufgerufen 3.1.2019.

Nachhaltigkeit bei oekom

Die Publikationen des oekom verlags ermutigen zu nachhaltigerem Handeln: glaubwürdig & konsequent – und das schon seit 30 Jahren!

Bereits seit 2017 verzichten wir bei den meisten Büchern auf das Einschweißen in Plastikfolie. In unserem Jubiläumsjahr machen wir den nächsten Schritt und weiten den Plastikverzicht auf alle ab 2019 erscheinenden Hardcover-Titel aus.

Auch sonst sind wir weiter Vorreiter: Für den Druck unserer Bücher und Zeitschriften verwenden wir vorwiegend Recyclingpapiere (mehrheitlich mit dem Blauen Engel zertifiziert) und drucken mineralölfrei. Unsere Druckereien und Dienstleister wählen wir im Hinblick auf ihr Umweltmanagement und möglichst kurze Transportwege aus. Dadurch liegen unsere CO_2-Emissionen um 25 Prozent unter denen vergleichbar großer Verlage. Unvermeidbare Emissionen kompensieren wir zudem durch Investitionen in ein Gold-Standard-Projekt zum Schutz des Klimas und zur Förderung der Artenvielfalt.

Als Ideengeber beteiligt sich oekom an zahlreichen Projekten, um in der Branche einen hohen ökologischen Standard zu verankern. Über unser Nachhaltigkeitsengagement berichten wir ausführlich im Deutschen Nachhaltigkeitskodex (www.deutscher-nachhaltigkeitskodex.de). Schritt für Schritt folgen wir so den Ideen unserer Publikationen – für eine nachhaltigere Zukunft.

Dr. Christoph Hirsch
Programmplanung und Leiter Buch

Anke Oxenfarth
Leiterin Stabsstelle Nachhaltigkeit

Wer wenden will, muss steuern können

Die Energiewende ist das wichtigste Gemeinschaftswerk der deutschen Nachkriegsgeschichte. Allerdings droht die Energiewende von der Politik ausgebremst und von Interessenvertretern aus der Industrie zerredet zu werden. Dieses Buch demonstriert, warum die Energiewende notwendig ist, wie sie gelingen kann und wie wir mit der bestehenden Begeisterung dieses wichtige Generationenprojekt gemeinschaftlich zum Erfolg führen können.

U. Bartosch, P. Hennicke, H. Weiger (Hrsg.)
Gemeinschaftsprojekt Energiewende
Der Fahrplan zum Erfolg
112 Seiten, broschiert,
14,95 Euro, ISBN 978-3-86581-668-9

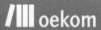

Bestellen Sie versandkostenfrei innerhalb Deutschlands unter
www.oekom.de, oekom@verlegerdienst.de

Grundlagenwissen zum Klimawandel

Der Jurist und Klimaexperte Stephan Buhofer erläutert die wichtigsten Kennzahlen zum Klimawandel. Er analysiert die Hintergründe und bietet Einblicke in Klimawissenschaft und Klimadiplomatie. Sein Werk bietet damit eine fakten- und zahlenstarke Grundlage für die eigene Meinungsbildung über die größte Herausforderung unserer Zeit, den Klimawandel.

S. Buhofer
Der Klimawandel und die internationale Klimapolitik in Zahlen
Eine Übersicht. 2., überarbeitete Auflage
154 Seiten, broschiert,
25,– Euro, ISBN 978-3-96238-097-7

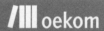

Erhältlich im Buchhandel oder versandkostenfrei
innerhalb Deutschlands bestellbar unter www.oekom.de

Von der Vision zur Wirklichkeit

Zu Beginn des Jahrhunderts entstand im Umfeld des Club of Rome die Idee, mit riesigen Solarkraftwerken erneuerbaren Strom in den sonnendurchfluteten Wüsten Nordafrikas und Vorderasiens zu produzieren – sowohl für den lokalen als auch für den europäischen Strommarkt. Diese Vision wurde unter dem Namen »Desertec« bekannt. Heute laufen in Nordafrika und Vorderasien bereits Hunderte Wind- und Sonnenenergieprojekte.

P. v. Son, T. Isenburg
Energiewende in der Wüste
Die Vision ist bereits Realität
264 Seiten, broschiert mit zahlreichen Abbildungen,
26,– Euro, ISBN 978-3-96238-030-4

Erhältlich im Buchhandel oder versandkostenfrei innerhalb Deutschlands bestellbar unter www.oekom.de.

Das Standardwerk zur Energiewende

Es ist die große Aufgabe unserer Zeit: die Energiewende. Umfassend und anschaulich erläutern hochrangige Experten dieses weltweit heftig diskutierte Thema. Das Buch erscheint anlässlich einer großen Sonderausstellung im Deutschen Museum in München.

C. Newinger, C. Geyer, S. Kellberg, Deutsches Museum (Hrsg.)
energie.wenden
Chancen und Herausforderungen eines Jahrhundertprojekts
176 Seiten, Hardcover, mit zahlreichen farbigen Abbildungen,
19,95 Euro, ISBN 978-3-86581-839-3

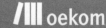

Erhältlich im Buchhandel oder versandkostenfrei innerhalb Deutschlands bestellbar unter www.oekom.de.

Auf dem Weg zur Gebäude-Energiewende

Bei der Diskussion um energieeffiziente Gebäude stehen technische Aspekte, etwa zur Dämmung, gegenüber ökologischen Fragestellungen meist im Vordergrund. Dabei ist das Klimaschutzpotenzial hier enorm. Wie kann der Gebäudebestand hierzu einen wesentlichen Beitrag leisten? Davon handelt dieses Buch, das sich an Besitzer von Wohngebäuden ebenso richtet wie an Energieberater, Architekten, technische Gebäudeausstatter und Wohnungsbaugesellschaften.

M. Führ, A. Rudolph-Cleff, K. Bizer, G. Cichorowski (Hrsg.)
Dämmen allein reicht nicht
Plädoyer für eine innovationsoffene Klimaschutzpolitik im Gebäudebereich
152 Seiten, broschiert,
28,– Euro, ISBN 978-3-96238-098-4

Erhältlich im Buchhandel oder versandkostenfrei innerhalb Deutschlands bestellbar unter www.oekom.de.

Freie Fahrt in Bussen und Bahnen

Ein undurchsichtiger Tarifdschungel, unzureichende Verbindungen und ungerechtfertigt hohe Preise – das schreckt viele Menschen davon ab, den Bus oder die Bahn zu nehmen. Das »Bürgerticket«, ein neues, innovatives Finanzierungsmodell, könnte das ändern und den ÖPNV deutlich attraktiver machen. Gregor Waluga untersucht dies am Beispiel Wuppertals. Abgerundet wird seine Studie durch Vorschläge an Politik und Wirtschaft, wie das Bürgerticket in der Praxis umgesetzt werden kann.

G. Waluga
Das Bürgerticket für den öffentlichen Personennahverkehr
Nutzen – Kosten – Klimaschutz
356 Seiten, broschiert, mit zahlreichen Abbildungen,
34,95 Euro, ISBN 978-3-96006-023-9

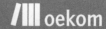

Erhältlich im Buchhandel oder versandkostenfrei innerhalb Deutschlands bestellbar unter www.oekom.de.

So geht Veränderung

Dieses aufwendig gestaltete Dossier stellt das Konzept der imperialen Lebensweise vor und erläutert, wie unsere derzeitige Produktions- und Lebensweise Mensch und Natur belastet. Dabei werden verschiedene Bereiche unseres alltäglichen Lebens beleuchtet, unter anderem Ernährung, Gesundheit, Mobilität und Digitalisierung. Schließlich werden sozial-ökologische Alternativen und Ansatzpunkte vorgestellt, wie wir ein gutes Leben für alle erreichen – anstatt ein besseres Leben für wenige.

I.L.A. Kollektiv (Hrsg.)
Auf Kosten Anderer?
Wie die imperiale Lebensweise ein gutes Leben für alle verhindert
128 Seiten, broschiert, komplett farbig mit zahlreichen Abbildungen,
19,95 Euro, ISBN 978-3-96006-025-3

Erhältlich im Buchhandel oder versandkostenfrei
innerhalb Deutschlands bestellbar unter www.oekom.de

Die Zukunft hat bereits begonnen

Im Energiesektor findet derzeit der größte Umbruch seit 100 Jahren statt. Eine neue Energieordnung entsteht, bei der kein Stein auf dem anderen bleibt. Dabei geht es nicht um ein paar tausend Solaranlagen und Windräder, sondern um eine Revolution namens Energiewende, die unser Leben grundlegend verändern wird. Roger Hackstock gibt einen spannenden Ausblick in eine Zukunft, die bereits begonnen hat.

R. Hackstock
Flexibel und frei
Wie eine umfassende Energiewende unser Leben verändert
252 Seiten, broschiert,
23,- Euro, ISBN 978-3-96006-017-8

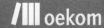

Erhältlich im Buchhandel oder versandkostenfrei
innerhalb Deutschlands bestellbar unter www.oekom.de